云南史话

地方系列

云南省社会科学界联合会 组编

《云南史话》编委会

《丽江史话》编委会

丽江史话

和文平　编著

云南出版集团
雲南人民出版社

图书在版编目（CIP）数据

丽江史话 / 云南省社会科学界联合会组编；和文平编著 . -- 昆明：云南人民出版社，2017.11（2018.12 重印）

（云南史话 . 地方系列）

ISBN 978-7-222-16675-2

Ⅰ . ①丽… Ⅱ . ①云… ②和… Ⅲ . ①丽江 - 地方史 Ⅳ . ① K297.42

中国版本图书馆 CIP 数据核字 (2017) 第 287137 号

出 版 人：赵石定
统筹编辑：马维聪
责任编辑：李东华　陈　亚
责任校对：郑怡然　余丽红
责任印制：洪中丽
装帧设计：赵　丹

丽江史话
lijiang shihua
云南省社会科学界联合会　组编
和文平　编著

出　版　云南出版集团　云南人民出版社
发　行　云南人民出版社
社　址　昆明市环城西路 609 号
邮　编　650034
网　址　http://ynpress.yunshow.com
E-mail　ynrms@sina.com
开　本　787mm × 1092mm　1/32
印　张　8.5
字　数　135 千
版　次　2017 年 11 月第 1 版　2018 年 12 月 2 次印刷
印　刷　云南商奥印务有限公司
书　号　ISBN 978-7-222-16675-2
定　价　30.00 元

如需购买图书、反馈意见，请与我社联系
总编室：0871-64109126　发行部：0871-64108507
审校部：0871-64164626　印制部：0871-64191534

云南人民出版社公众微信号

总 序

七彩云南，气象万千。

这里东连黔桂，西邻缅甸，北靠川渝，南望越南、老挝，是祖国大陆通往南亚东南亚、前出印度洋的枢纽和大通道。特殊的地理，悠久的历史，孕育了深厚的底蕴，创造了丰富多彩的灿烂文化，成为中华文化同南亚次大陆文化、东南亚文化交汇区域，是文化交汇、融合、多样性的现代范本。

这里山川纵横。横断山、哀牢山、无量山、云岭、乌蒙山等山系支撑起祖国西南辽阔的天空。这里碧水荡漾。滇池、洱海、抚仙湖、程海、泸沽湖、杞麓湖、异龙湖、星云湖、阳宗海等湖泊，像一颗颗璀璨的明珠，镶嵌在云南高原上。这里江河澎湃。金沙江、澜沧江、怒江、红河、南盘江、伊洛瓦底江等六大水流联通各民族共同的家园。这里是植物王国、动物王国、有色金属王国。这里气候温和、四季犹春，在中国是绝无仅有的宜居宝地。

这里历史悠久。元谋人从170万年前的远古走来。战国中晚期庄蹻入滇，第一次把楚文化与滇文化连接起来。秦开五尺道、汉习楼船，云南正式纳入祖国版图。唐宋时期，南诏、大理国文化唱响西南。元初正式建立行省。明清时期，云南经济社会得到长足发展。20世纪初，云南各族人民打响了护国战争第一枪，开始埋葬封建帝制。在抗日战争中，几十万云南各族儿女征战沙场，扬我国威！西南联合大学谱写了世界教育史上的奇迹。

在这片红土地上，传承着红色文化基因。走出了王复生、王德三等早期马克思主义播火者，走出了无产阶级军事家罗炳辉，《中华人民共和国国歌》的作曲者聂耳，马克思主义大众化的中国第一人、我们党思想理论战线忠诚的战士和学者艾思奇。20世纪30年代，毛泽东率领中国工农红军长征过云南，播下了革命火种。40年代后期，中国共产党领导下的滇桂黔边纵队与中国人民解放军，在极端艰难困苦的条件下英勇作战，迎来了新中国的诞生！

这一切，催生了一系列独具特色的历史文化：有史前文化、古滇文化、哀牢文化、爨文化、南诏文化、移民文化、护国文化、抗战文化、西南联大文化、红色文化。

这里是民族文化的富聚区，民族文化多样性的活态博物馆。26个民族中16个独有民族，15个民族跨境而居。民族文化丰富多彩、博大精深、底蕴深厚、特色鲜明。如彝族的毕摩文化、藏传南传佛教文化、傣族的贝叶文化、纳西族的东巴文化、哈尼族的梯田文化，等等，还有各种各具特色的丧葬、婚姻、服饰、建筑、节日、歌舞、生态等文化形态。此外还有各民族长期以来相互交融、相互学习、共同发展而产生的综合性文化，如茶文化、医药文化、烟草文化、驿道文化、青铜文化、石刻文化等，异彩纷呈，不胜枚举。

云南各民族优秀文化是中华文化的重要组成部分，是中华文化的瑰宝，是中华民族文化大花园中的奇葩！在长期的历史发展中，在红土高原上，形成独具特色的历史文化、地域文化、民族文化，其突出特点是多样形态、多元一体、和谐共生。各种文化，相互交融。佛教文化、基督教文化和伊斯兰文化并存（即使在同一宗教内，不同派别也和睦相处，如同为佛教，藏传佛教、南传上座部佛教和汉传佛教，亲密无间）、儒释道文化并存、原生态文化与现代文化并存、多民族文化并存。

在经济全球化、文化经济化、经济文化一体化的今天，文化既是社会生活方式，更是一种社会生产力，是各民族共同的精神家园。

“观乎天文，以察时变；观乎人文，以化成天下”（《易经－贲卦》）。习近平总书记指出：“要始终坚持道路自信、理论自信、制度自信，最根本的还有一个文化自信。”党的十九大报告提出：“要坚定文化自信，推动社会主义文化繁荣兴盛。”“没有高度的文化自信，没有文化的繁荣兴盛，就没有中华民族伟大复兴。要坚持中国特色社会主义文化发展道路，激发全民族文化创新创造能力，建设社会主义文化强国。”这是党中央赋予我们这一代哲学社会科学工作者的历史使命！承担起新时代这一历史使命，必须在新的实践基础上，用中国特色社会主义文化引领，推动文化的创新发展。必须深入挖掘传统文化资源，从中吸取历史智慧，引导云南各族人民树立正确的历史观、民族观、国家观、文化观，推动文化创造性转化。还必须为各族人民提供丰富的精神食粮，不断满足人民过上美好文化生活的新期待。

古人云：“虑不远不足以图大功，功不大不足以传永世”。云南省社科联为贯彻落实党的十九大精神，为传承、弘扬云南优秀传统文化，坚定各族干部群众文化自信，决定组织全省有关专家学者编辑出版“云南史话”系列丛书，分别为地方系列、民族系列、特色县市系列、民族文化艺术系列、重大历史事件系列五部分，每套丛书出版20种，共计100种。这是一项规模宏大的系统工程，计划用五年时间完成。通过本套丛书，我们将深入挖掘云南文化宝贵资源，认真梳理云南文化发展脉络，总结云南文化发展的特点及其规律，以期为增强文化自觉，坚定文化自信，牢记习近平总书记对云南人民的嘱托，闯出一条跨越式发展的路子，为努力成为民族团结示范区、生态文明建设排头兵、面向南亚东南亚辐射中心，谱写好中国梦的云南新篇章而奋斗！

是为序。

云南省社科联党组书记、主席　张瑞才

2017年10月

目　　录

一、市情概况

丽江，地处滇西北高原，金沙江中上游地区，“其曰丽江者，则以金沙江得名”。全市总面积2.06万平方公里，其中山地占总面积的92.3%；常住人口128万人，少数民族人口占总人口的58%，有汉族、纳西族（包括摩梭人）、彝族、傈僳族、白族、普米族、藏族、傣族、苗族、回族、壮族等11个世居民族。丽江之地，战国时属秦国边地，两汉至唐宋先后属越嶲郡、云南郡、南诏、大理等，元代始称“丽江”，并设丽江路，明、清设丽江府，民国设专员公署。20世纪50年代初设丽江专区，辖丽江、永胜、华坪、宁蒗、剑川、鹤庆、维西、兰坪、中甸、德钦、碧江、福贡、贡山等13县。1970年，丽江专区改为丽江地区，辖丽江、永胜、华坪、宁蒗4县。2003年撤地设市，现辖古城区、玉龙纳西族自治县、永胜县、宁蒗彝族自治县、华坪县。市府所在地为古城区大研镇。丽江古城为国家级历史文化名城，丽江现拥有世界文化、世界自然、世界记忆3项世界遗产。2008年，丽江成为全国改革开放30年成功开拓发展的18个典型地区之一。当前正进一步探索和实践特色发展、跨越发展之路。

（一）地理环境

丽江自然地理环境特色鲜明，地貌多样、气候多样，历经沧海桑田巨变，展现出丰富多彩的格局、特色和景象。

1. 地理位置

丽江市位于青藏高原东南缘、西南横断山脉东部、滇西北高原中部、金沙江中上游的滇西北地区，介于北纬25°59′—27°56′、东经99°23′—101°31′之间。东西最大横距为212.5公里，南北最大纵距213.5公里。丽江市东部和东北部与四川省的攀枝花市、盐边县、盐源县、木里藏族自治县接壤，南部与大理州剑川县、鹤庆县、宾川县及楚雄州大姚县、永仁县毗邻，西部与迪庆州维西傈僳族自治县、怒江州兰坪白族普米族自治县相连，北隔金沙江与迪庆州香格里拉县相望。

2. 地质结构

丽江大地构造位置处在三个一级构造单元的交界处，其西为扬子准地台的次级构造盐源—丽江台褶带及过渡带；其东为三江褶皱系的次级构造金沙江褶皱带；其北为松潘—甘孜褶皱系的次级构造玉树—义郭褶皱带。金沙江褶皱带东以金沙江深断裂为界与盐源—丽江台褶带相接，西与兰坪—思茅坳陷带相连，在新生代，其西南侧发生强烈张性断陷，除堆积了第三纪红色磨拉石外，兼有碱性火山喷发和浅成侵入活动。盐源—丽江台褶带及过渡带为扬子准地台向松潘—甘孜褶皱系及三江褶皱系转化的构造过渡带，受中生代以来西北地槽活动的强烈影响，经受印支运动特别是喜马拉雅运动的强烈作用，东边多为短轴褶皱及花边状向斜构造，西部边缘鹤庆一带，除发育向东倒转的褶皱外，又有较大规模的推覆构造。玉树—义郭褶皱带，夹持于金沙江深断裂与小金河—丽江深断裂以北地区，虽以碳酸岩为主，但夹多量泥质岩、硅质岩及中基性火山岩，并有泥砾混杂岩。所处的主要断裂带有：小金河—丽江—剑川断裂带、菁河—程海断裂带、龙蟠—乔后断裂带、金沙江断裂带。长期以来构造运动十分活跃，地质历史上形成复杂的深大裂带，至第四纪以来仍有活动。由于受大断裂控制，下古生界及以前的地震，分布于宁蒗西南一带，上古生界分布范围扩大至玉龙山一带。时代不够的变质岩系分布于虎跳峡谷，二迭系玄武岩全市均有分布，中生界地层主要分布于永胜县、华坪县、宁蒗县地区，第三系主要以条带状分布于玉龙县及宁蒗县以南，境内金沙江河谷阶地发育着第四系。特殊的大地构造位置，形成了丽江地质结构的复杂性及多样性特征。

3. 地貌特征

丽江地处青藏高原南部边缘与云贵高原相连接的过渡带，地跨横断山峡谷与滇西高原两个地貌单元，玉龙山以西为横断山系切割山地峡谷区的高山峡谷亚区，玉龙山以东属滇东盆地山原区的滇西北中山山原亚区。丽江地貌复杂多样，其基本特征为：一是地势西北高，东南低。丽江境内最高点为玉龙雪山主峰，海拔为5596米；最低点为华坪县境的金沙江塘坝河口，海拔为1015米，相对高差达4581米。二是山地多，平坝少。

山区、河谷区、山间盆地（坝子）共存，其中，山地占总面积的92.3%，坝区（坝子）河谷区等占总面积的7.7%。三是地貌类型丰富多彩。其中有冰川、极高山、高山、中山、低山、丘陵、盆地、河谷、阶地、湖泊、冲积扇及冲积锥、剥蚀面、峡谷宽谷等10多种地貌类型。四是山脉与水系并列。境内老君山、玉龙山、绵绵山三大山脉与金沙江、澜沧江、雅砻江三大水系多呈南北向及北东向排列，在山脉两侧又广泛发育着东西向的河谷支流。五是山间盆地与高原湖泊共存，如拉市坝与拉市海、丽江坝与文笔海、期纳坝与程海、永宁坝与泸沽湖等。六是境内存在较多发育典型且少见的特殊地貌形态。

4. 特殊地貌

境内特殊地貌主要有“三江并流”区、黎明丹霞地貌、石鼓长江第一湾、虎跳峡、永胜土林等。

“三江并流”：自青藏高原奔腾南下的金沙江、澜沧江、怒江，在南北走向的云岭山脉、怒山山脉、高黎贡山山脉的挟持下，在滇西北境内形成了举世闻名的“三江并流”地理奇观，三条大江之间的最短距离仅为66.3公里。该区域内聚集了北半球几乎所有的高山峡谷、江河湖泊、雪峰森林、田园草地等地貌类型，浓缩了极为错综复杂的气候特征，蕴藏着大量的珍稀动植物。“三江并流”区于2003年列入《世界自然遗产名录》，称为是“欧亚大陆中国生物多样性最丰富、多种地质景观和高山地貌类型演化过程最杰出的代表，世界一流的地质地貌景观自然遗迹”。丽江境内老君山为世界自然遗产“三江并流”的核心地区之一。

黎明丹霞：我国面积最大、发育最完整、层次最分明、海拔最高、高差最大的丹霞地貌，其中，千龟山、万龟城的龟裂的山体从规模、景观质量均为世所仅见。老君山丹霞地貌千龟山、万龟城、丹霞赤壁、南天门、太阴山、太阴谷、老君炼丹炉、同心柱、黎光佛、一线天、鸟王山等区域的丹霞面积达240平方公里。2004年黎明丹霞地貌区列入了第三批“国家地质公园”名单。

长江第一湾：“江流到此成逆转，奔入中原壮大观”。金沙江本是与怒江、澜沧江自青藏高原并流南下，但是，当金沙江行至丽江石鼓境时，受海罗山崖阻挡而独自改变南流方向，与澜沧江、怒江分道扬镳，折向东北，形成了万里长江第一湾。这一特殊的地理奇观，不仅使这里的江面增宽，水势变缓，适宜渡船，成为长江（金沙江）第一渡口，更重要的是改变了金沙江奔流南下的方向，实现了万里长江“大江东去”，“一江春水向东流”的伟大转折。

虎跳峡：金沙江经长江第一湾北上，又形成“破雪山而行，两岸壁立，江贯其间，奇险万状”集深、险、奇、绝、秀于一体虎跳峡。虎跳峡分为上虎跳、中虎跳、下虎跳，峡长 18 公里，计 18 个险滩，落差达 210 米，惊涛骇浪，声闻数十里，两岸绝壁摩天，从江面到山顶，海拔高差达 3700 多米，江面最窄处只有 20 多米，且江心多处巨石兀立，相传有猛虎跳江而过得名。虎跳峡是“万里长江第一峡”，也是世界上最深的大峡谷之一，比美国科罗拉多大峡谷还深 1500 米。

5. 老君山、玉龙山、绵绵山三大山系

云岭为横断山脉中宽度最大、分布最广的山地，云岭北部在西藏、四川境内，西支称芒康山或宁静山，东支称沙鲁里山。进入云南后称云岭，并分为西、中、东三支，云岭主体为中支，即丽江老君山、玉龙山及大理点苍山等。丽江境内的山脉属于云岭中支和东支山脉，山脉多呈南北向，由西到东排列有云岭中支的老君山、玉龙雪山和云岭东支的绵绵山。

老君山，史称“滇省众山之祖”，属于云岭主脉，金沙江环其左，澜沧江绕其右，是世界自然遗产“三江并流”区重要组成部分。丽江老君山从玉龙县最北端塔城乡入境，经巨甸、鲁甸、石鼓、九河等乡镇进入大理州境后南延为哀牢山等，经滇中、滇南后出国境。丽江老君山沿金沙江一线连绵百里形成独特的褶皱山体，分布有众多神奇美丽的高山草甸和山箐河谷。老君山从北往南的主要山峰有：塔扎乃寒崩、窝纳布吕、都沾郭、乌仍郭、说支菊、许寒积古、鲁套郭、依支大山、恒纳郭、本盘郭、高马郭、果抓古吉、腊冬郭、锅底塘、华忍都、桦皮箐梁子、鲁堆斯展崩、大坪子背后梁子、青石崖梁子、郭剪托梁子、各子勒山、郭咩托山、史别地梁子、喂纳洛美大山、支路都、美念不、腊马作、上拉夸石、拉织古、岩邦罗大场、美九吕里、后箐大山、固堆许梓菊、鲁盘菊、峨尼洛马、黑那古阱、刮坡顶、黑牙谷、白草坡、红石岩、构纳菊、鸡冠山、望江山、玉屏山、嘎玛化、嘎拉崩、大火山处必宜、格者耶、金丝厂、吉帕沙帕峨夺、他子嘎本打洛、喇八山、山神庙大梁子、腊邦山丽增大坪子梁子、帕尼吃、黑龙潭大梁子、天根山、拉日谷、石红山、九子崖、牛住山、西右平山等。其中金丝厂主峰海拔 4402 米。

玉龙山，属于云岭山脉最高峰，是北半球距赤道最近的现代海洋性冰川雪山，也是长江南岸第一高峰。玉龙雪山三面环江，其西、北、东边为金沙江环绕，南面连丽江坝子，南北长 35 公里，东西宽约 25 公里，终年积雪的群峰南北纵列，海拔 4500 米以上的高峰有 13 座，号称“玉龙十三峰”，远观宛如玉龙起舞，故称玉龙山，主峰扇子陡海拔为 5596 米。在海拔 4500 米以上山间，分布有 19 条冰川，玉龙雪山终年积雪区冰川山体面积达 22. 5 平方公里，冰川类型以悬崖冰川和冰斗冰川为主，有现代海洋性冰川博物馆之称。据有关部门研究，每平方公里冰川有 5000 万立方米左右固体水，共计有冰川固态水 11. 23 亿立方米。每年盛夏，部分固体水融化，是玉龙雪山周围河流泉潭主要水源。近年来，由于受全球气候变暖等因素影响，雪龙雪山冰川出现了不断消退的情况。玉龙山主峰扇子陡在丽江坝子北端拔地而起，由于山势异常陡峻，地质结构复杂，迄今仍为处女峰。主峰距世界文化遗产丽江古城仅有15公里。玉龙雪山也是纳西族等周边各民族心中的圣山，南诏时期曾被封为“北岳”，元代又敕封为“大圣雪石定国安邦景帝”，现为国家级风景名胜区。由玉龙雪山南坡顺着丽江坝西边南延的山峰有化洛布孤山、玉峰寺山、马安山、文笔山、五台山、白石山、虎头山、老凹喀山等；顺着丽江坝东边南延的有干邦山、冷门山、石盘山、牛厚山、老虎山、震青山、南天山、罗玄山等。由玉龙雪山往东北延伸的有三大湾山、波丽罗、老鹰山、黑牛山、母猪山、羊窝山、本音山、百花山、太子关、老鹰崖、增构山、黄明山、观音崖等。由玉龙山西坡分出另一支山岭，沿金沙江往西南延伸经龙蟠、九河等地与老君山山系相连。

绵绵山，属于云岭东支，总称绵绵山，为沙鲁里南延山系，位于丽江市宁蒗、永胜、华坪三县境内。绵绵山主体部分也称小凉山，主峰为宁蒗县西北部翠依白岩子峰，海拔为4510.3米。在宁蒗县境的主山还有它尔布子山、牦牛山、光马山、万格梁子山、药山、石菩萨山、竹山、狮子山、木碓窝梁子；在永胜和华坪境内的有光茅山、白虎山、北关山、甸头山、西关山、打鹰山、笔架山、东冲山、云台山、西南纬、白草梁子、喇嘛山、观音崖、公山、凤凰山、白云山、九龙山、金宿山、老虎山、元宝山、阳保、迪里山、阿喇山、麻姑山、轿顶山、翠盖山、罗盘山等。

6. 金沙江、澜沧江、雅砻江三大水系

丽江境内形成的大小河流有91条，流域面积超过200平方公里的有17条，分属长江上游金沙江水系、雅砻江水系和澜沧江流域水系。其中以金沙江流域水系为主。金沙江贯穿丽江市一区四县，境内流程615公里，约占长江总长度的十分之一。

金沙江，古称“绳水”“丽水”“泸水”“黑水”“犁牛河”“犁水”等，隋唐时期因金沙江中上游地区多为纳西族先民“麽些部落”，故也称金沙江为“麽些江”。丽江之地名，也与金沙江有关，史称“元时始改丽江，其曰丽江者，则以金沙江得名。”金沙江自青藏高原奔腾南下至丽江石鼓，突然改变南流方向折向东北，形成了万里长江第一湾，然后向北“破雪山而行”，在玉龙雪山与哈巴雪山之间形成了举世闻名的虎跳涧大峡谷，行至玉龙县奉科乡境再奔流南下，经宁蒗县、古城区、永胜县境又转向东流，从华坪县境流入四川省攀枝花市。境内金沙江水系主要支流有巨甸河、金庄河、冲江河、漾弓江、大具河、黑白水、五郎河、仁里河、片角河、枯木河、新庄河、碧源河、出鱼河等。

雅砻江水系的主要支流有宁蒗县北部的永宁河、中部的宁蒗河、东部的大拦坝河、东南部的差拉河、蝉战河，华坪县的乌木河等。其中，乌木河发源于宁蒗东南部山区，汇集李子河、母子河、鱼必河、帕帕河等，由西北向东流经华坪县北部地区，进入四川盐边县流入雅砻江，境内流程 56.4 公里。

澜沧江流域水系的支流主要是九河，境内流程 20 公里，发源于老君山南麓罗凤山及铁甲山，经玉龙县九河坝进入剑川县境黑惠江后流入澜沧江。

7. 程海、泸沽湖、拉市海三大高原湖泊

全市有大大小小数十个高原湖泊以及数百处泉潭。在云南省九大高原湖泊中，程海、泸沽湖是最具特色的两个高原湖泊。

程海，位于永胜县中部，是当代世界天然生长螺旋藻的三大湖泊之一。程海属于断层陷落形成的湖泊，水面面积78平方公里左右，储水量27亿立方米，湖面海拔1501米。历史上程海最大水深度达72米，现在程海最大水深为35米，平均水深25米左右。明代以前，程海湖水从海口河自流汇入金沙江，到清代康熙年间程海水已不能自流排出，成为无出水口高原湖泊。由于湖水蒸发、湖底渗漏，水位呈逐年下降趋势，湖水碱化则呈增加趋势。程海湖内盛产10多种特色鱼类及蛋白质含量高达50%以上的螺旋藻。在云南九大高原湖泊中程海的面积与蓄水量均位居第四，现为三类水质。

泸沽湖，位于云南丽江市宁蒗县与四川盐源县之间，为构造断陷喀斯特湖泊，由亮海和草海两部分组成。泸沽湖，通常是指亮海，其状若马蹄，面积50平方公里，平均水深40米，最深处达93米多，湖面海拔2685米。草海面积7.4平方公里，夏季水深1.5米以上，冬季枯水期形成沼泽。湖水总蓄水量20.72亿立方米，无明显排水口，以地下水方式经海门河排入雅砻江。湖中盛产泸沽裂腹鱼、小白鱼等。泸沽湖水清澈透亮，透明度可达11米以上。湖面飘浮着翡翠般5个全岛、3个半岛、1个湖堤连岛。泸沽湖边摩梭人至今传承着母系大家庭文化，称之为“东方女儿国”。泸沽湖始终保持着一类水质，是云南九大高原湖泊中水质最好、风光最美、文化最神奇的高原湖泊。

拉市海，位于丽江市城区西部，属于滇西古冰蚀湖，南北长12公里，东西宽6公里，面积10平方公里，平均水深4米左右，海拔2450米。拉市海是丽江市城区及丽江坝、七河坝最重要的水源区，也是云南省第一个以高原湖泊湿地命名的自然保护区，是中国30个“国际重要湿地”之一。湖区生态环境良好，现在每年有数万只候鸟前来拉市海越冬。

8. 山间盆地（坝子）及金沙江河谷沙湾盆地

丽江境内的山间盆地以断陷盆地为主，境内

数百个大大小小的坝子中，面积最大的分别是丽江坝、三川坝、期纳坝。其中，丽江坝在玉龙雪山东南麓，平均海拔 2400 米，面积 198.63 平方公里，其间有狮子山、龟山、小团山分布，地势北高南低，土质北粗南细，耕地面积 13 万亩，灌溉条件较好，曾创小麦、油菜等作物全国最高单产纪录；期纳坝位于永胜县南片区，北抵程海南端，南至黄金弯，面积 96 平方公里，耕地面积 9.6 万亩，属褐红土，地势南北走向，呈长条形，程河由盆地穿过，平均海拔 1430 米，干热少雨，适宜种植热带作物；三川坝属永胜县北片区，南至程海北端，北抵五朗河，海拔 1550 米，面积 85 平方公里，耕地面积 7 万亩，地势南北走向，宽谷盆地，气候温和，水源丰富，主产水稻等粮食，为滇西北著名粮仓。较大坝子还有城关坝，面积 61 平方公里，海拔 2130 米；顺州坝，面积 58 平方公里，海拔 2200 米；拉市坝，面积 49.84 平方公里，海拔 2450 米；永宁坝，面积 41.23 平方公里，海拔 2650 米；金江坝，面积 38 平方公里，海拔 1280 米；七河坝，面积 33.19 平方公里，海拔 2200 米；九河坝，面积 25.87 平方公里，海拔

2303 米；红桥坝，面积 15.98 平方公里，海拔 2440 米；宁蒗坝，面积 14.56 平方公里；海拔 2240 米；巨甸坝，面积 9.51 平方公里，海拔 1836 米。此外，还有华坪的荣将坝等小于 9 平方公里的众多坝子。金沙江河谷沙湾盆地，除较大的金江坝和巨甸坝之外，在金沙江沿线还有茨可、格子、石鼓、大具等众多坝子。

9. 亚热、温、寒三种气候带

丽江具有典型的“立体气候”特征，俗称“一山分四季，十里不同天”，气候垂直差异十分明显。气温高低主要取决于海拔高低，境内各地气温随着海拔高低变化而变化，比如，玉龙山麓海拔 1600 米左右的龙蟠、大具等地为亚热带气候，随着海拔上升的地区，依次为温带、寒带气候，山顶则终年积雪。总体来说，境内金沙江干热河谷区为河谷亚热气候带，全年长夏无冬；半山区及海拔较低的坝子为山地湿润温带，春季长达 8 个月左右；山区为湿润高山寒暖带，高寒山区冬季长达半年以上。境内西北地区多温寒气候，东南地区多暖热气候。干湿季分明，四季不分明；雨热同季，季风气候明显；年温差小，日温差大。

每年11月至翌年4月一般为干季，盛行大陆季风，天气晴朗少云，日照充足，昼夜温差大，空气湿度小，降水少，雨量只占年降雨量的15%左右。5至10月盛行西南季风，来自孟加拉湾上空的气流与来自北方的冷空气相遇时，形成大量降水和连绵阴雨天气，降雨量占全年雨量的85%左右。平均年降雨量为988毫米左右，全年日照时数为2298—2587小时。丽江市长年气温在12.6℃—19.9℃之间，年平均气温为12℃左右，可谓是夏无酷暑，冬无严寒，气候宜人。

10. 自然灾害

丽江境内的自然灾害主要是地质灾害和气象灾害。地质灾害主要有地震、山体滑坡、泥石流、水土流失等，尤以地震灾害危害最大，泥石流灾害次之。气象灾害主要有干旱、高温、洪涝、冰雹、雷击、大风、低温、霜冻、雪灾等。历史上丽江境内曾多次发生重大地震灾害，其中，明正德六年（1511年）五月初六永胜地震，据有关资料记载，震级为8级，震中烈度为10度。三川坝陆家湾、唐家湾、毛家湾等地势低洼处被地震中心涌出的地下水淹没，形成西山草海和龙潭草海，造成人民生命和财产重大损失。1996 年 2 月 3 日发生的丽江地震，震级为 7.0 级，震源深度为 10 公里，震中烈度为 9 度，造成伤亡 17366 人，其中死亡 309 人，重伤 4070 人，民房倒损 103 万多间，直接经济损失 40 多亿元。地震是丽江境内造成损失最大、受灾范围最广的地质灾害。山体崩塌、滑坡、泥石流、水土流失、洪涝等多发生于山区和河谷区。

（二）自然资源

丽江市得天独厚丰富多彩的地理自然气候环境，赋予了丽江丰富独特的自然资源，其中，最具比较优势和特色的自然资源为生物、生态、水能、旅游等资源。

1. 生物多样性资源

丽江素有“植物王国”“植物基因库”“动物王国”“药材之乡”之称，是高原生物多样性的典型代表。境内有包括第四季冰川遗留下来的红豆杉、油松（罗汉松），古生代遗留下来的水青树、攀枝花苏铁等，计有 20 多种国家一、二级重点保护植物以及云南八大名花在内的 13000 多种植物，占云南省植物种类的 70%以上。以丽江及境内山河、地名命名的植物有167种，其中以丽江得名的有丽江冷杉等121种，以玉龙山等命名的有26种。玉龙县境的新主天然高山植物园，在不足10平方公里的地段内，几乎汇集了横断山系所有的植物种类，其中有国家一类保护珍稀植物10余种，称之为“植物避难所”。新主植物园内不少树龄已超过1500年，据专家考证，其中的一棵铁杉树龄已逾3000年，堪称“铁杉树王”。华坪温泉红椿箐的千亩原始攀枝花苏铁园内，有一株树身高达5.2米，十分罕见。永胜程海是国内唯一能天然生长螺旋藻的湖泊（也是全球仅有三个之一），现已建成年产1000多吨的世界最大的螺旋藻生产基地。境内野生药用植物计有2000多种，占我国所列品种的三分之一还多，其中冷凉区药材特别丰富，不少山区称之为“一巴掌下去能抓三棵药”。

“山深而藏异兽，林密而产珍禽。”丽江境内属于兽类的野生动物有8目21科42属83种，其中有国家一类保护野生动物滇金丝猴、野驴、金钱豹、云豹；国家二类保护野生动物恒河猴、小熊猫、原麝、林麝、马麝、黄麝、金猫、穿山甲、水獭、毛冠鹿等；国家三类保护野生动物石貂、岩羊、青羊、大灵猫、小灵猫等。还发现有极其罕见的白猴，被动物界称之为“永胜白猴”。属于鸟类的有17目46科290多种，其中有国家一级保护鸟类黑鹳、中华秋沙鸭、雉鹑、黑颈长尾雉、红腹角雉、黑颈鹤等；国家二级保护鸟类白雉（雪鸡）、白腹锦鸡、藏马鸡、灰鹤等；国家三级保护鸟类血雉、勺鸡、大腓胸鹦鹉等。属于鱼类的有5目15科，主要为金沙江、雅砻江、澜沧江水系鱼类。爬行类主要有水蛇、黑花麻蛇、黑眉锦蛇、菜花烙铁头、竹叶青、雪山蝮、云南龙蜥、山溪鲵、红瘰疣螈、宽头短腿蟾、庞刺齿蟾、华西蟾蜍、滇蛙、青蛙等。属于昆虫类的主要有中华蜜蜂、大熊蜂、蝗虫、蜻蜓、螳螂、蟋蟀、蝉、丽蝙蝠蛾、九香虫、蚕、瓢虫、蚊、蝇、蜘蛛、蜈蚣等等。

2. 得天独厚的生态资源

丽江生态环境资源优势特别明显，主要表现为：一是气候宜人，夏无酷暑，冬无严寒，不论冬季夏季，室内基本不需要装空调，特别是盛夏7月，丽江的月平均气温不足19℃，是名副其实的避暑胜地。二是空气质量优良，空气清新，蓝天白云，近年来检测的结果，丽江空气质量优良率均为100%。三是日照丰富且光质好，全年日照时数为2588小时，冬春季节丽日阳光，日照特别丰富，占全年日照时数的30%。四是拥有得天独厚的生物多样性生存环境，丽江多种气候并存，多种地貌并列，极有利于多种生物的生存和发展，成为国内十分难得的生物多样性区域。五是绿色植被覆盖面大，生态环境优美。丽江境内自古以来有十分丰富的森林植被，又有保护生态的文化传统，20世纪80年代曾称为“长江上游最后的绿色堡垒”，现在全市森林覆盖率已经达到70%，远远高于全省全国的森林覆盖率水平。改革开放以来，丽江市立足丰富的生态、生物资源优势，坚持生态优先、绿色发展，着力推进生态产业基地建设，争当生态文明建设排头兵。

3. 森林资源丰富

丽江林木种类繁多，独特是金沙江最大的天然林区之一，自古以来就是长江上游重要绿色屏障和堡垒。生活在金沙江林区的丽江纳西族等各族人民，具有自觉保护森林的历史文化优秀传统。

20 世纪 90 年代中期，丽江早于全国 3 年率先实施金沙江天然林保护工程，全市森林资源得到进一步保护和发展。2016 年，丽江市森林覆盖率已达到 70%，成为金沙江流域森林资源保护最好的地区之一。丽江森林资源特点为植物种类多，植被起源古老，特有物种多。有红豆杉、榧木、栱桐、攀枝花苏铁等 23 种国家一、二级重点保护植物。境内森林分布为垂直带状，金沙江干热河谷区森林植被覆以莎草科及禾本科植物为主；半山区、山区主要分布有云南松等针叶林、常绿落叶阔叶林等；高寒山区主要分布有杜鹃、落叶松、高山栎、铁杉、云杉、冷杉等。相对来说，山区半山区森林资源较多，干热河谷区及坝区较少；针叶林较多，阔叶林较少。金沙江河谷区多为热区水果，山区半山区多冷凉区水果及干果。主要林木品种有丽江云杉、丽江冷杉、铁杉、大果红杉、鳞皮冷杉、长苞冷杉、红豆杉、高山松、川滇高山栎、黄背栎、长穗栎、圆柏、杜鹃（约有 200 个品种）、山杨、枫杨、红桦、白桦、红楸、榧木、水青树、松萝、刺栎、云南松、华山松、红椿、香樟等。经济林资源也很丰富，主要品种有核桃、青梅、花椒、梨、桃（雪桃）、龙眼、柑橘、板倮、油橄榄、桑树、漆树、油茶树、滇楸、膏桐、桉树、苹果、杧果等，2015 年全市特色经济林总规模达到 440.8 万亩。当前，丽江在切实加快生态文明建设的新实践中，打造长江上游及长江经济带重要的生态安全屏障。

丽江林区的林下资源同样十分富集，其中有松茸、鸡纵、黑木耳、香菇、羊肚菌、金针菇、猴头菇等珍贵野生食用菌资源；有天麻、虫草、虫楼、云归、紫金锭、何首乌、茯苓、雪茶、黄连、黄芩、红景天、绿绒蒿、虎耳草、三角菊、紫花堇、莎草山萝卜、人参、灵芝、贝母、附子、川芎、木香、百合、薄荷、半夏、菖蒲、白芨、一枝蒿、大黄、五味子等药材资源。

4. 清洁能源资源特别丰富

水能、风能、太阳能资源并存，其中水能资源是丽江最大最重要的清洁能源资源。全市水资源总量 499.89 亿立方米，人均拥有水能资源 7300 立方米左右。金沙江水能资源得天独厚，从地图上看，流经丽江境内 615 公里的金沙江，形状如同一个巨型“闪电”符号，在这个“闪电”符号内江流落差高达890米，蕴藏着巨大的水能资源，据有关规划方案，在这个“闪电”符号内可建上下虎跳峡、洪门口、金安桥、鲁地拉、观音岩等一库八级大型超大型水电站，总装机容量2250万千瓦，年均发电量达近千亿千瓦时。如今，金安桥、观音岩、阿海、龙开口、鲁地拉、梨园6个大型水电站已建成并网发电，总装机容量已达2108万千瓦，年发电量883亿千瓦时。此外，境内还有近百条可发电的支流河流，其中水能蕴藏量在一万千瓦以上的有26条，可开发装机45万千瓦。境内各地风能资源也很丰富，特别是山区可开发风能的资源点很多，目前正在建设的有小凉山地区等风能点。丽江市属云南省日照丰富区之一，全年日照时数为2298—2587小时，实照时数占可照时数的53%—59%，太阳能开发的潜力巨大。立足特色资源优势，丽江正加快建设西南地区重要的清洁能源基地。

5. 土地资源和矿产资源也比较丰富

境内有林地面积为18493913亩，占土地总面积的59.85%；荒山、荒地面积7162675亩，占土地总面积的23.18%；宜林、宜牧荒山荒地分别为

3315177亩、3559019亩，分别占荒山荒地面积的46.28%、49.69%。如今境内荒山荒地正在加快开发，大力发展绿色经济。全市有耕地2683103亩，占土地总面积的8.68%，其中水田572355亩，旱地1609558亩，轮歇地501190亩。相对来说，山区的土地资源比坝区与河谷区丰富，人均占有土地资源量较大，仍有较大的开发利用潜力。境内已发现矿产有30多种，350多个矿产地。其中，能源矿产资源有煤、铀、油叶岩等；金属矿藏有铁、铜、金、锰、铅、锌、锡、铍、镁等；非金属矿藏有大理石、石灰角砾岩（俗称“五花石”）、白云岩、石灰岩、硅石、滑石、石膏矿等。煤多分布于华坪、宁蒗县境。原生金矿主要分布于玉龙山、老君山区域，金沙江河谷沿线多产沙金。铜矿点全市各区县均有分布。大理石、“五花石”矿点多在玉龙县、古城区境。白云岩、石灰岩等矿点全市各地均有分布。滑石矿点主要分布在玉龙县和华坪县。石膏矿多分布在玉龙县、华坪县等。

6. 旅游气候自然资源丰富多彩

独特的气候和地理环境构成了丽江最基本的

旅游资源。旅游气候资源可概括为：四季如春的长年旅游气候，凉爽盛夏的避暑胜地；旅游自然地理景观可以用“美绝人寰”“南人北相”，真山、真水、真景，真品、精品、绝品加以概括。境内的“阳春白雪”玉龙山、世界自然遗产老君山、黎明丹霞奇观、石鼓万里长江第一湾、虎跳峡、泸沽湖等景观堪称“美绝人寰”；境内既有雪山、大江、湖泊、峡谷、森林、草场等高原风光，又有小桥、流水、人家、田园、村落、古镇等江南风光，高原与水乡相依，堪称“南人北相”的景观特色。此外，丽江独特的自然地理环境也孕育了独特丰富的历史文化资源，其中，造就了人与自然和谐统一的世界文化遗产丽江古城、倡导和追求人与自然和谐相处的世界记忆遗产东巴古籍文献、神奇的摩梭母系文化与美丽的泸沽湖融为一体的“东方女儿国”，无一不是自然与人文同辉的典范。

二、历史源流

（一）远古时期的丽江人

1956年春天，在距离丽江古城南边11公里的漾西木家桥村，人们发现了3件人类股骨和石器。1963年又在沙砾层中发现了一些动物化石和石制品。1964年又出土了1件少女头骨。经过考古鉴定，得出结论：3件股骨中有2件一左一右，属于同一个体；另一件左股骨属于另一个体。石制品共6件，均为燧石制品，包括石片、石核和石核碎块。石片较大，长达7.6厘米，保留有自然台面，打击点散漫，半锥体不显著。有一件石核有3个自然面，其中两面曾作台面使用过，留下了重叠的石片疤。此外，还从沙砾层中发现了一段有钻孔痕迹的鹿角。所发现的动物化石，有剑齿象、犀牛和云南轴鹿等。这一地点虽然材料不多，但石制品出土层位清楚。它的发现，扩大了中国西南地区旧石器时代文化的分布范围，为在滇北地区进一步寻找旧石器时代的遗存提供了线索。人头骨代表一个少年女性的个体，虽然在某些性状上，如最大宽垂直位置指数较低，枕部有明显的“发髻状”隆起，耳外孔长轴上端朝前方倾斜，带有一定的原始性，但从总的来看，与现代人是十分接近的，没有显著的差异。在判别种族的归属的几项重要指标下，如额面上部扁平程度（鼻额角、额指数）、最小额宽等，表现出明显的蒙古人种特点。考古界给这些人类骨头化石命名为“丽江人”，在时间上是距今 10 万—5 万年的晚期智人。“丽江人”头骨是云南迄今已发现的更新世晚期化石智人的颅骨化石，为研究云南地区化石人类学提供了资料。“丽江人”的发现，充分证明了在很早以前，丽江境内就有人类活动。

“丽江人”文化遗存的发现受到了著名学者郭沫若的深切关注，他把“丽江人”的有关研究结果写进了他所编著的《中国史稿》一书中，“丽江人”正式被学术界所认可，并达成了共识。这些发现揭示出丽江这一地区深厚的文化内涵，对研究这一时期云南先民和周边少数民族祖先的关系，具有十分重要的价值。同时，扩大了我国西南地区旧石器分布范围。

20 世纪 50 年代以来，在丽江地区境内发现了众多距今七八千年的新石器，如在丽江县大东热水潭村，宁蒗县永宁皮匠村、开基村、西川金村，永胜县河口等地，出土了不少新石器时代的石斧、石凿、石锛、石纺轮、柳叶形无铤石镞等，在永胜县还发现了新月形弧刃、穿孔石刀。1991 年，在丽江县大具乡下虎跳峡至鸣音乡洪门口的金沙江沿岸，发现了反映古人类狩猎生活场景的 12 个古岩画点，在有些岩画点还发现一些新石器。这一发现引起了考古学界的关注，初步定名为“金沙江岩画”。

在玉龙县金沙江沿岸的巨甸金沙旺村、新营村、路西村、德良村、以及丽江坝的狮子山等地，出土了一批红铜斧、红铜刀、红铜器皿等。这些红铜器，与考古学界命名为“洱海区域红铜文化”同属一个时期，距今有 3000 多年，相当于商代晚期。青铜文化时期的青铜器在丽江也多有发现。1954 年，在永胜县翠湖村委会芮官山古墓葬的清理发掘中，发现剑、矛、戈等青铜兵器200多件和陶纺轮，其中青铜短剑仅长14—29厘米，与战国北方草原牧民文化有密切关系。1979年在宁蒗大兴镇发掘古墓群中，出土了3000余件青铜器，200多件陶器，经考证属春秋战国时代的氐羌文物。在丽江市玉龙县黄山长水村、拉市吉余村，石鼓、大具、红岩等地先后出土了山字青铜剑，青铜剑镞，青铜甲片，青铜钺等数十件青铜器，大都是战国到东汉时期的产物，距今已有2000多年。此外，1987年在永胜军和发现两面早期铜鼓，为云南型铜鼓北传路线的物证。这些青铜器的发现，反映出丽江地区灿烂的青铜文化。1982年在丽江奉科出土“蜀郡铁锸”，这类器物为滇西首次发现，说明丽江地面早在东汉时就使用铁器从事农耕。隋代在今丽江玉龙县塔城乡的金沙江上架起一座铁索桥，史载此桥建成于隋朝开皇年间（589—640），它虽毁于唐朝与吐蕃之战，但至明代其“穴石锢铁”遗址尚在，说明早在1300年前丽江人的祖先就有了很高的冶铁技术。上述考古发现连成“丽江人”的历史环链，证明丽江是云南古人类的摇篮之一，说明丽江地区历史悠久，自古和中原地区有着密切的联系。

从丽江所处的自然环境和地理位置来看，这是一片非常适宜人类生存的区域。丽江地处东经100°14′，北纬26°52′之间，属高原型西南季风气候，气温偏低，昼夜温差大。丽江的大部分地区冬暖夏凉。年平均气温在12.6℃—19.8℃，最热月的平均气温为18.1℃—25.7℃，最冷月平均气温为4℃—11.7℃，年温差小，但日温差较大。年极端最高气温25.1度，最低气温-27.4度，每年的5—10月为雨季，7、8月特别集中。境内大小河流共91条，流域面积在200平方公里以上的有多条，分属2个流域3个水系。长江流域金沙江水系控制全区面积的80.4%，计16566平方公里；长江流域雅砻江水系控制全区面积6%，计3625.6平方公里；澜沧江流域澜沧江水系控制面积2%，计408.4平方公里。境内主要有程海、泸沽湖、拉市海、文海、文笔海、九子海、中济海等大小数十个高原湖泊。这样的地理环境和自然条件，无论是经纬度，还是气候、水土、光热，都为人类生存提供了得天独厚的先天优势。

更值得关注的是，丽江还是人类迁徙史上的

一个重要大通道——藏羌彝走廊上的一个重要驿站。藏羌彝走廊是一个民族学术语，源于著名人类学家费孝通提出的藏彝走廊。民族学与民族史学术上的“藏彝走廊”，是费孝通先生于 1980 年前后提出的一个历史—民族区域概念，主要指今四川、云南、西藏三省（区）毗邻地区由一系列南北走向的山系与河流所构成的高山峡谷区域，亦即地理学上的横断山脉地区。在横断山脉地区主要有岷江、大渡河、雅砻江、金沙江、澜沧江、怒江等六条由北而南的大河纵贯其间，故习惯上又称这片区域为“六江流域”。但它并非六江流域的全部，主要是这几条江的下游不在此区之内。具体而言，这一区域包括藏东高山峡谷区、川西北高原区、滇西北横断山高山峡谷区以及部分滇西高原区。就行政区域而言，藏彝走廊主要包括四川的甘孜藏族自治州、阿坝藏族羌族自治州、凉山彝族自治州和攀枝花市，云南的迪庆藏族自治州、怒江傈僳族自治州和丽江市，西藏的昌都地区等地。在这片区域中，现今居住着藏缅语族中的藏族、彝族、羌族、傈僳族、白族、纳西族、普米族、独龙族、怒族、哈尼族、景颇族、拉祜族等民族，而以藏缅语族的藏语支和彝语支的民族居多，故从民族学而言称之为“藏彝走廊”。在这个条走廊上，如今生活在丽江市境内的很多世居少数民族，都往往是沿着这条民族迁徙大走廊，一路沿着江河和山脉的走向，由北向南迁徙，先后进入云南。比如纳西族（含摩梭人）、彝族、普米族、傈僳族、藏族、白族等众多的少数民族。

（二）纳西族的迁徙

纳西族源于西北河湟地区，在史书里，纳西族有众多书写各不相同而发音极为相似的名称：摩沙、麽些、摩娑、麽西、么些等等。秦汉时西北纷争，战祸不止，纳西族先民为了寻求生存空间，从西北大草原迁徙南下，经过大渡河、雅砻江流域，一路继续辗转南下，隋唐时已抵达金沙江流域。

战国秦献公时期，一部分羌人畏惧秦国的威势，迁徙到了今天的甘肃南部和四川西部地区，此后远离众羌。“子孙分别，各自为种，任随所之”。在这群人当中，一部分人继续向南迁徙，居住在大渡河、雅砻江流域，被称为牦牛种越嶲羌。

《后汉书·西羌传》里说：“秦献公初立，欲复穆公之迹，兵临渭首，灭狄獂戎。忍季父卬畏秦之威，将其种人附落而南去，出赐支河曲西数千里，与众羌绝远，不复交通。其后子孙分别，各自为种，任随所之。或为牦牛种，越嶲羌是也；或为白马种，广汉羌是也；或为参狼种，武都羌是也”。在这里，越嶲羌便是当今纳西族（包括摩梭人）的共同祖先。

战国时期，秦国势力进入西南地区，据《华阳国志·蜀志》记载：秦昭襄王二十二年（前285），“疑蜀侯绾反，王复诛之，但置蜀守。张若因取笮及其江南地也”。笮，包括了现在的四川汉源、盐源、盐边和云南的丽江、华坪、永胜、宁蒗地区。

前221年，秦始皇统一中国，在全国范围内设置郡县，滇西北及四川西南地区处在秦朝经营的范围之内。笮人地区的马、牦牛等贩运到四川内地，并且已经成为一个重要品牌。

西汉初年，匈奴人从草原南下，控制了河套地区，丝绸之路中断。公元前122年，汉武帝派遣张骞出使西域。在大夏（今阿富汗一带），张骞发现当地有邛竹杖和蜀布，得知南方丝绸之路的存在。汉武帝开始着手经营西南地区，丽江作为南方丝绸之路和茶马古道上的重要驿站，加强了与内地的往来。前 111 年，汉武帝在西南地区以邛都（今西昌）设越嶲郡、以筰都（今汉源）设沈黎郡，两郡所辖范围就包括了现在的丽江地区，越嶲郡下辖十五县，其中就有遂久县（今丽江）和姑复县（今永胜）。

221 年，刘备在成都建立蜀汉政权，云南地区为蜀汉大后方，但是由于税赋繁重，时常处于动乱的状态。117 年，“越嶲夷寇遂久（今丽江），杀县令”，10 余万人参加动乱，攻占 20 余县，波及益州永昌诸部落；225 年，“越嶲叟帅高定元杀郡将焦璜，举郡称王以叛”。于是诸葛亮于 3 年后入南中平叛，杀高定元。此后，蜀汉政权又多次平安南中，采取以夷制夷的羁縻政策，当时的摩沙夷所在地区盛产盐铁马匹，与内地多有往来。

汉晋时期，纳西族的祖先们居住在川西地区。《史记 · 西南夷列传》里说：“自嶲以东北，君长以什数，徙、筰都最大。自筰以东北，君长以什数，冉駹最大”。这里所说的筰，便是纳西族（包括现在的摩梭人）的先民。因为这些人在迁徙的过程中，总是喜欢选择在有水的地方居住，比如青海湖、雅砻江、大渡河、金沙江。有江河的地方便有藤桥沟通两岸的往来，因为这个特征，这些人便被命名为筰都夷。筰都夷的活动范围在定筰、大筰和筰秦，也就是今天的四川盐源县、盐边县和冕宁县等地。

据史记载，现今丽江原为濮僰蛮所居，后因战争中被麽些人击败而退出了金沙江流域。纳西族系北方游牧民族，是马背上的民族。因此，在与山地民族的战争中，游牧民族的骑兵优势就突现出来。丽江马从茫茫大草原来到横断山脉深处，为主人的征土辟地立下了赫赫战功。纳西族先民也从马背上尝到了战争的甜头，占据了金沙江流域后，马不停蹄，继续挥兵南下，迁徙到今大理宾川一带，史载“居巂洲（今大理宾川）初为白蛮所居，后被麽些移民占领，立麽些诏”（方国瑜《麽些民族考》），麽些人在宾川建立了自己的政权越析诏。由于越析诏实力强大，有铎鞘等锐利兵器，南诏也敬畏三分，互派使节，史载越析诏在南诏诸诏中“地最广、兵最强，素为南诏畏忌”（《滇史》）。“越析诏，波冲主国。亦称麽些诏，又号花马国。”“花马国”之称，反映了纳西先民善于养马，多骏马的历史事实。

（三）越析诏的兴衰

唐朝初期，洱海地区出现了6个比较大的小邦国，史称“六诏”，分别是浪穹诏（今洱源）、邓赕诏（今洱源邓川）、施浪诏（今洱源三营）以及蒙舍诏（今巍山），还有越析诏（今宾川）、蒙巂诏（今漾濞）。在当时，洱海地区东北部的越析诏和南部蒙舍诏是六诏当中实力最为强大的两个部落。纳西族先民所建的越析诏幅员广阔，实力强盛，其势力已经覆盖了洱海东岸，范围涵盖了现在的丽江市及滇川藏交界金沙江流域的广大地区。

在六诏兴起的同时，这里同时还是唐王朝和吐蕃两大政治势力争夺的地区。越析诏建立后不久，吐蕃势力就已南下。南下入侵的吐蕃势力当时能控制的主要在洱海以北地区。703年（武则天长安三年）冬天，吐蕃都松芒布杰赞普“夺取六诏之疆土，征白蛮之赋税，收乌蛮为属民。”面对吐蕃的大规模进攻，唐王朝同样不会放弃经营洱海地区的战略。707年（唐景龙元年），唐九征奉命率唐军深入洱海地区打击吐蕃，拆掉了吐蕃架在漾水、濞水上的铁索桥，烧掉了吐蕃建在这一地区的城堡，并在此地立铁柱刻铭记功。唐睿宗即位后，李知古又率军进入洱海地区征讨。在唐军获胜，叛附吐蕃的部落纷纷投降后，李知古又请筑城，欲置州县，“因是诛其豪杰，掠子女为奴婢”。此举引起各部落怨怒，于是“引吐蕃攻知古，杀之，以其尸祭天。由是姚嶲道绝，连年不通。”在总体上，唐王朝与吐蕃在六诏地区的角逐渐处于小胜基础上的僵持状态。

在相当长一段时间里，唐王朝一直把六诏视为自己的藩属地区，“六诏同为唐臣”，“天子每有恩赏，各颁一诏”。在这样的大格局下，六诏当中最为强盛的越析诏和蒙舍诏也在为各自的利益互有争斗。随着唐王朝与吐蕃的角逐不断发展，唐王朝不能对六诏地区实现直接控制，于是就调整战略，逐渐倾向于扶持洱海南部地区的蒙舍诏对抗吐蕃，同时疏远了越析诏。

强大的越析诏在与迅速崛起的蒙舍诏（即南诏）角逐争霸的过程当中，在一场地缘政治与个人恩怨交织的变故中败落。根据唐朝人樊绰撰写的历史典籍《蛮书》记载：“越析，一诏也，亦谓之磨些诏。部落在宾居，旧越析州也。去囊葱由一日程。有豪族张寻求，白蛮也。贞元中，通诏主波冲之妻，遂阴害波冲。剑南节度巡边至姚州，使召寻求笞杀之。遂移其诸部落，以地并于南诏。波冲兄子于赠提携家众，走，降铎鞘。东北渡泸，邑龙佉沙，方一百二十里，周迴石岸，其地总谓之双舍。于赠部落亦名杨堕，居河之东北。后蒙归义隔泸城，临逼于赠，再战皆败。长男阁罗凤自请将兵，乃击破杨堕，于赠投泸水死。数日始获其尸，并得铎鞘。”在唐朝与吐蕃斗争、越析诏与蒙舍诏的矛盾交织下，张寻求私通越析诏主波冲之妻，在唐朝地方官员的默许下谋杀了波冲，蒙舍诏在唐朝的支持下乘机灭亡了越析诏。越析诏建立后，它的强盛持续了一段时间，但是后来因它在唐王朝与吐蕃争夺洱海地区控制权的形势发生了重大变化的情况下，没有能够很好地把握形势，失去唐王朝的信任与支持，而内部矛盾又被同在洱海地区的竞争对手南诏利用，于是一步步走向败亡，终被南诏吞并。至此，蒙舍诏建立了南诏国，统一了洱海地区，越析诏所辖的地方也被纳入南诏国版图。

（四）唐宋时期的丽江

680年前后吐蕃势力扩充到西洱河区域后，唐、蕃争夺西洱河诸蛮的拉锯战持续了整整100余年。677年前后，吐蕃以藏东的昌都为中心，以金沙江和澜沧江流域为通道，开始派遣军队屯集于今滇西北中甸（现香格里拉县）和维西一带。很可能这段时期，吐蕃不惜一切代价在今中甸与维西之间的金沙江上秘密建造了一座宏伟的铁索桥，史称“吐蕃铁桥”，以济吐蕃大军迅速越过金沙江而进入云南西洱河（洱海）湖区。680年前后，在攻打西川安戎城的同时，屯于神川铁桥一带的吐蕃军也突然出现在西洱河湖区，可谓“吐蕃神川……不假天兵”。于是，西洱河诸蛮纷纷臣服于吐蕃。如《新唐书·南蛮传》曰：“显庆元年（656），西洱河大首领杨栋附显，和蛮大首领王罗祈，郎、昆、梨、盘四州大首领五伽冲率部落四千人归附，入（唐）朝贡方物。其后，茂州西南筑安戎城，绝吐蕃通蛮之道。生羌为吐蕃向导，攻拔之，增兵以守。西洱河诸蛮皆臣吐蕃。”为了长期立足于西南蛮区和控制西洱河诸蛮，吐蕃在铁桥地区设立了神川都督府，并开始建置神川十六城。吐蕃神川都督的管辖范围包括今迪庆州、丽江地区、兰坪县、剑川县、鹤庆县及四川盐源一带。此区域为麽些蛮、施蛮和顺蛮等乌蛮聚居区，吐蕃设神川都督府以收乌蛮于治下。

吐蕃通过神川都督府对滇西地区的控制因为著名的铁桥之战而告终。794 年，即唐贞元十年，南诏王异牟寻被唐王朝封为“云南王”。就在这一年，吐蕃与回鹘争战北方，向南诏征兵。南诏王异牟寻佯为应征，发兵五千先行，沿金沙江北调，暗中又率精兵数万，随后进发。南诏军队昼夜兼行，攻破今剑川、鹤庆等地，又溯金沙江北上，奇袭神川，以少胜多，大破吐蕃，拿下铁桥，夺取 16 城，俘虏 5 王，降众 10 余万，向唐朝廷献捷，这就是著名的神川战役。铁桥之战彻底改变了滇西北地区的政治格局，吐蕃势力在云南逐渐收缩，丽江地区的麽些部落也不再依附于吐蕃，南诏成为云南真正的统治者，逐渐统一了云南全境。为了巩固对滇西北地区的统治，南诏国在吐蕃神川都督府的基础上建立了铁桥节度使，加以管辖，同时挥师东向，夺取了昆明城（今四川盐源）。

麽些各部落作为越析诏的后裔，对于南诏国来说，如同卧榻猛虎，时刻威胁着南诏国的安全。为了便于统治，南诏王异牟寻对磨些部落采取了分而治之的政策。一是强制移民，对于铁桥、昆明（今盐源）等地曾经与吐蕃存在亲密关系的麽些部落，采取分化瓦解的办法，把万余户麽些人口强迁到到了滇中地区；二是笼络，对于一部分与南诏友善的部落上层人士，通过联姻等方式拉近关系；三是安抚，对于丽江坝子及周边地区的麽些部落，则确认其世袭酋长位，实行羁縻之治。在此过程中，一部分麽些部落反抗南诏国的迁移政策，在其首领泥月乌的带领下进入永宁地区，取代吐蕃人世居其地，成为现在的摩梭人的祖先。

同时期，伴随着南诏政权的建立和巩固，南诏国在现在的永胜县先后设立北方赕、成偈赕、善巨郡，实力逐渐强盛起来。南诏政权没有坚持多久，902 年，南诏政权崩溃。其后 35 年之间，先后出现了郑买嗣建立的长和国、赵善政建立的天兴国、杨干贞建立的义宁国。同时，其与我国内地相对应的也是“五代十国”割据政权。在义宁国时期，出身没落贵族的段思平，在善巨郡（今永胜）城守高方的支持下联合滇东乌蛮三十七部推翻了义宁国，于937年建立了大理国。在此期间，发迹于永胜的高氏家族在段思平建立大理国以后，其后人成为大理国的世袭宰相，并镇守滇西、滇中各地，权势十分显赫。

大理国建立不久，北宋也于960年建立。传说宋太祖以玉斧划大渡河为界，没有派兵到云南，其间，北宋曾册封大理国王，大理亦派使朝贡，双方保持了长达300多年的和睦相处。相对安宁的政治环境，再一次让麽些各部落迅速发展起来，宋真宗、宋仁宗曾相继封麽些首领牟西、牟磋、牟乐为武勋公、武英侯、摩娑诏大酋长。尤其是牟磋时期，军事实力最强，使“段代虽强，亦莫能有”，并使大理国善巨郡形同虚设。对此，方国瑜曾著文说：“故自南诏以来，麽些之境，大理不能有、吐蕃未能至，宋亦弃其地，成瓯脱之疆，自为治理，经三百五十年之久。”这一时期，麽些各部落不断繁荣发展起来，纳西族的东巴文估计就产生于这个阶段。

（五）蒙元时期的丽江

南宋后期，蒙古崛起于北方草原。统一了北方并占领了中亚大片地区以后，消灭南宋统一全国成为蒙古的既定方针。为此，蒙古采取了绕道云南先消灭大理国，然后再东出江南包抄南宋的策略。于是 1253 年，忽必烈率领三路大军南下进攻云南。其中，忽必烈亲率的中路军于当年 10 月初过大渡河进入麼些地区，达筈蓝（今永宁）麼些首领和字率族“内附”，忽必烈大军在日月和短暂休整后，以革囊渡过金沙江到达宝山石头城。11 月底，大军抵达丽江，麼些首领麦良投降，大理国门户洞开。兀良合台率领的西路军由巨甸渡江后攻占石鼓半空和寨，于 12 月底至大理与忽必烈中路军会合，大理国灭亡。

在忽必烈南征过程中，由于麼些各部族的归降，为蒙古攻克大理国提供了便利，极大地减少了战争双方的伤亡，地方经济社会没有受到战争的破坏。同时忽必烈南征也使得纳西族发展历史发生了重大转折。在元朝建立、南宋灭亡的过程中，元朝在丽江设立茶罕章宣慰司，麦良被任命为茶罕章管民官，此后跟随忽必烈攻打大理。在擒获段兴智的战斗中，功列兀良合台之右，升授副元帅，赐节钺及虎符金牌一面。兀良合台镇守大理之时，阿琮阿良回到丽江。蒙古朝廷赐予阿良“添睦贞吉”四字匾额，以表彰其功绩。至元年间，忽必烈加授其一颗重达48两的银印，封提调诸路统军司，下辖越析郡、柏兴府、永宁府、北胜府、蒗蕖州、罗罗斯、白狼、盘木、夷獠等地方。纳西族地区再一次被纳入中央王朝的管辖范围，纳西族部落首领成为王朝官员。不仅如此，随着元朝对云南地区不断加强治理，对麽些民族也给予了重视，“云南土官病故，子侄兄弟袭之；无则妻承夫职。远方蛮夷，顽犷难制，必任土人，可以集事。今或阙员，宜从本俗，权职以行。”这是土司制度的雏形，为后来丽江木氏土司、永宁阿氏土司、永胜高氏土司、章氏土司等众多土司的出现提供了前提条件。

元朝的大一统政治局面，为云南的繁荣稳定提供了坚实的基础。赛典赤主政云南期间，云南正式作为元朝的一个省纳入中央版图，云南与中央王朝的关系得到了空前的加强。赛典赤非常注重休养生息，在各民族地区大修水利，发展经济，兴办教育，全省出现了欣欣向荣的发展局面。在丽江，王惠、王升父子先后兴办儒学，麽些上层贵族大量接触当朝文化，为后来的木氏土司作家群的出现打下了基础。

（六）明清时期的丽江

1368 年，朱元璋建立明朝，定都南京。这时候，云南还在元朝梁王巴扎瓦尔密和大理段氏的统治之下。朱元璋多次派人招降，均被拒绝。洪武十四年（1831）朱元璋派大将傅友德、蓝玉、沐英率 30 万大军进攻云南，占昆明，破大理。洪武十五年（1382），丽江纳西族土知府阿甲阿得“率众归顺”，明王朝在丽江设立了丽江府，阿甲阿得并被朱元璋赐木姓（木得），为土知府，其管辖范围为今天的丽江市、迪庆州、怒江州等地。

明朝时期是丽江纳西族木氏土司势力极为强盛的时期。明王朝非常看重木氏土司在滇西北地区的战略地位和军事实力，常常依重木氏土司守护边疆，平定叛乱。滇西北地区一直是中央王朝与吐蕃争夺的重要区域，在整个明朝时期，木氏土司在明王朝的支持下多次对吐蕃用兵，起到了“藩篱”的重要作用，同时，也使木氏土司的势力范围得以扩张，其东北面到达了雅砻江流域，北面到达巴塘、理塘一线，西面到达今缅甸恩梅开江一带。中央认为木氏土司“守铁桥以断吐蕃，滇南藉为屏障”，多次封官赏赐，赐予“辑宁边境”“西北藩篱”“忠义”等匾联，还授予大夫、布政使司、参政、资治少尹等头衔。木氏土司也借助明朝的依重，在征讨四方的过程中不断扩大自己的势力范围，逐渐成为滇川藏交界地区重要的地方势力，与蒙化（巍山）、元江并称云南三大土知府。

在经济上，木氏土司在所辖地区大量兴修水利，推行耕作，鼓励畜牧业和手工业，发展庄园领主经济，辖区内经济出现了繁荣兴盛的景象。尤其是对盐矿、金矿的开发，使得木氏土司的财富空前丰富，再加上丽江地处茶马古道重要节点，连接着内地与边疆、云南与周边国家的商贸往来，木氏土司富甲一方，有“木天王”之称，明代大旅行家徐霞客曾经形容其府衙“宫室之丽，拟于王者”。

在文化上，木氏历代土司借助社会安定、经济发展的良好局面，以高度包容的态度发展地方文化。一方面，木氏土司对汉文化非常痴迷，吸引了大量内地文人学者和能工巧匠落户丽江，有力地促进了丽江地方文化的繁荣发展，形成以木泰、木公、木高、木青、木增等土司为代表的木氏土司作家群和“莲社”等文艺团体，他们的诗文深受当时文坛的关注，木增的诗集曾被收入《四库全书》。另一方面，木氏土司又对藏传佛教非常重视，在对金沙江以北藏族地区进行武力扩张的同时，对藏传佛教特别虔诚，在丽江境内兴建了多座藏传佛教寺庙，多次邀请高僧到丽江弘法。木增主持刊印了藏区第一部雕版大藏经《甘珠尔》，被藏学界誉为滇藏政教史上的盛举。在历代木氏土司的支持下，藏区的噶玛噶举教派（白教）得到长足发展，也为丽江清代的藏传佛教噶玛噶举教派的繁荣奠定了基础。

在明朝时期，以“洪武调卫”为代表的汉族移民是滇西北历史上的一个极为重要的大事件。在此之前，滇西北地区一直是各少数民族生活、迁徙、演变、斗争的边疆地区，汉族人口不多。明朝平定云南之初，各地少数民族时常发生叛乱。于是，朱元璋改变过去对云南以夷制夷的羁縻制度，在云南境内大力实行屯卫制度，在云南设置了28个军事卫所，驻军按照战时为军、闲时为民的原则屯垦戍边。洪武二十八年（1395），沐英之子沐春将省城昆明的中卫移驻北胜州（今永胜），设置澜沧卫，率万余名将士驻守，管辖北胜、永宁、蒗渠三州土司军民；同时，又多次从江苏、湖南、江西等地迁移汉族民众屯垦澜沧卫周边地区。“洪武调卫”大移民，在很大程度上改变了永胜乃至整个丽江地区的民族结构。这些迁移军民当中，就有毛泽东祖先毛太华。屯垦军民的大量涌入，带来了内地先进的生产技术，有力地促进了边疆地区的经济发展，同时，随着澜沧卫的建立，汉文化也得到了空前的发展，在“治国以教化为先，教化以学校为主”的方针推动下，学校教育也发展起来，相继成立了凤鸣书院、几山书舍、中川书院、鸿才书院等。书院与学校不同，学校主要是进行程式化教学，而书院里常有的是学者们的学术演讲与研究活动，教学同样是有的，但从形式到内容都较为灵活、丰富。北胜州政区卫所中还兴办了义学，东门馆、西门馆、南门馆、北门馆、北山馆、中洲馆、金官馆、期纳馆、金江馆、片角馆等12馆；还有夷馆四处：他留馆、崀峨馆、永宁馆、蒗蕖馆，为永胜教育的发展奠定了基础。兴起官办儒学、义学和民间办学的热潮，促成了民众学习文化的风气。

明末清初，云南伴随着滇南土司沙定州与明世袭云南镇守黔国公沐天波的混战，全省开始出现社会动乱，丽江也不能避免。清顺治十六年（1659）吴三桂率清军入滇，“收云南入版图，建置各如旧，寻裁通安、宝山、兰州、巨津四州，临西一县归丽江府”，丽江土知府木懿“争先投诚”，次年，批准“仍袭土知府之职，管理原地方”。吴三桂来到云南之后，图谋不轨，通过“不可使滇一日无事”的策略拥兵自重。顺治十八年（1661），吴三桂在北胜（今永胜）开茶马互市，在增强自己军事实力的同时，客观上加强了与周边地区的经贸往来，促进了经济发展。吴三桂叛乱后，丽江木氏土司木尧积极协助清政府平叛，立下了赫赫战功。

丽江木氏土司经过明朝时期的经营，权重一方，俨然“闭门天子”，历代土司在府南设关，“出入者非木公命不得擅行，远方来进必止，命之入，乃得入。即诰命至，亦即出迎于此，无得竟达。”在实施严苛税赋的同时，木氏土司还限制平民入学读书。于是木氏土司族人阿知立挺身而出，开始反抗木氏土司对丽江的统治，并于雍正元年（1723）率从赴省申诉。这一事件，成为丽江改土归流的直接原因。

在云贵总督高其倬的建议下，雍正皇帝从整个少数民族地区治理策略的角度，开始实施大面积的改土归流，雍正元年（1723），朝廷在丽江实施了“改土归流”，丽江木氏土司由土知府降为土通判。雍正四年（1726）鄂尔泰任云贵桂三省总督，在西南地区开展了轰轰烈烈的改土归流。在这一时代大潮中，汉军正黄旗人杨馝和管学宣先后担任丽江流官知府。他们到丽江之后，废除了木氏土司封建领主庄园，“劝农桑”发展生产。更重要的是，他们在丽江大兴“义学”，推行文化教育，杨馝重新迁建了“宏敞壮丽，丹漆粉垩，焕然为一郡之伟观”的丽江府学，兴建了雪山书院；管学宣在丽江各地建设了20余所义学，“有子弟不赴学，严惩父兄者，又有百姓不赴学，究责乡保者”，整个丽江洋溢着浓厚的读书风气。在清代，丽江出现了大量用汉文写作的诗人，一大批纳西族平民通过科举考试中了举人进士等，不少中举的人外出为官。

清代，丽江地方文化出现大融合的趋势。除了汉文化在丽江根深叶茂以外，藏传佛教得以进一步繁荣发展。福国寺、指云寺、文峰寺、普济寺、兴化寺、灵照寺、扎美寺等藏传佛教寺庙先后兴建，并出现了一批德高望重的活佛，形成了丽江汉传佛教、藏传佛教、道教、东巴教、伊斯兰教并存，儒释道合流的现象，为丽江的文化繁荣发展提供了丰厚的土壤。

与此同时，永胜汉族文化得到日新月异的彰显，文风兴盛，出现了大量的文人。明清两代，永胜在云南省和滇西北地区（包括丽江、怒江、迪庆）的文化教育方面创造了殿试进士第一、征辟神童第一、名列全国教科书为云南第一、孝义著述第一、高科名宦第一、王公府第授徒第一等6个第一。

（七）近代历史中的丽江

从晚清时期开始，中国的发展逐渐落后于西方欧美，成为列强弱肉强食的对象，1840年鸦片战争以后，中国和中华民族在生死存亡的危机里越陷越深，面临着亡国灭种的危险。在中华民族救亡图存的百年艰苦历程中，丽江各族人民与祖国同呼吸共命运，与全国各族人民一起，走出了一条曲折的、自强不息的道路。

光绪十年（1884），中法战争爆发，纳西族兵将随杨玉科、蒋宗汉参加战争。杨玉科镇守谅山府属的观音桥，设伏三道，大败万余法兵，数战皆捷，毙伤大批法军，使法军闻风丧胆。后来，由于清军西线主将、广西巡抚潘鼎新不战自退，弃谅山等地，撤入镇南关内，法军进攻广西镇南关，镇南关战役，战斗十分惨烈。自广东率广武军三营出镇南关（今友谊关），杨玉科在关外失去后援，遭敌重围，仍毫不退缩，英勇杀敌，孤军奋战，未能奏效。1885年初，法以重兵入关，教民应于内，玉科曰："吾百战余生，今得死所矣！"开关搦战，中炮亡。妻牛氏亦以身殉夫。清廷追赠太子少保，谥武愍。同时牺牲的还有纳西族副将和演、和际泰、游击副将赵行润、都司衔奚长发的兵丁百余人。同时期的纳西族著名将领还有和耀增、和虎臣父子，他们西出玉门关，远赴新疆参与左宗棠平定阿古柏叛乱，捍卫了祖国西北边疆的统一。后来又参加了中法战争(1885)、中日甲午战争（1894）和抵抗八国联军的战争，是晚清时期的卫国重臣。

辛亥革命时期，云南发动重九起义予以重应，丽江积极响应，满城插上五色旗，结束封建统治。袁世凯称帝时，蔡锷在云南首倡护国运动，丽江人民输送了3420名青年加入护国军，为反对袁世凯复辟封建帝制做出了贡献。

1936年，中国工农红军第二、六军团在长征途中经过丽江，丽江群众和开明人士到丽江南郊东圆桥和“接官亭”欢迎红军，为红军筹备物资，赶制军服，隐藏伤员。随后，28名丽江船工配合红军分别从一个渡口，经过四天三夜的紧张抢渡，使1.8万名红军将士顺利渡过了长江天堑，为实现战略转移北上抗日提供了条件。同时，有14名纳西族青年参加了红军。这是红军自离开革命根据地以来从未遇到过的现象。

在抗日战争中，丽江人民在这场事关中华民族生死存亡的战斗中，送出大批热血青年，随滇军参加了著名的台儿庄战役、武汉保卫战、中国远征军入缅作战等重要战役。同时，作为抗日战争的大后方，丽江民众为前线捐款捐物，通过茶马古道运送支援抗战物资等，为国家和民族做出了突出的贡献。

在解放战争时期，丽江人民在云南地下党组织的领导下，杨尚志、和万宝、丁志平等共产党人转战滇西各地，沉重打击了国民党反动势力，先后发动了丽江五一万人大游行、永胜“海腰铺起义”、华坪“3·16”武装暴动等革命斗争。1950年2月22日，丽江终于迎来了全境解放。

在社会文化方面，近代以来的丽江也始终保持了与时俱进的发展。1907年，《丽江白话报》创办，这是继上海《中国白话报》之后又一份白话报，它宣传科学、民主、文明，为丽江经济社会的发展播下了文明进步的火种。随着满清王朝的覆灭，新式教育在丽江兴起，丽江各地建立了大量中小学堂，培养了大批新式人才，丽江出现了和庚吉、方国瑜、李寒谷、范义田、高玉柱、周霖、赵银棠等一大批文化名人。同时，约瑟夫·洛克、顾彼得、李霖灿等中外人士也进入丽江，撰写了大量的文章和著作，为丽江走向世界做出了不可磨灭的贡献。

三、史海钩沉

（一）丽江人遗址

1956年在古城区（时为丽江县）南部木家桥发现了三根人类股骨化石，其中一根左股骨化石，属古人类化石。1964年在同一地点又发现人头骨一个，属少年女性头骨，具有一定的原始性，总的方面又和现代人接近。经考证距今10万年左右。说明在10万年前丽江盆地已有人类活动。特别是人类头骨额面上扁平程度及小额宽等方面来看，丽江人明显属于蒙古人种的特征，与相邻的川、桂等省同阶段的资阳人、柳江人是一致的。与丽江人一道出土的还有一件鹿角制成的角器，它是云南迄今为止已发现的旧石器时代唯一的角器。考古学研究证明，今天丽江市范围早在10万年前就有属蒙古人种的旧石器晚期智人生活居住在那里。有距今2000—3000年前的人类活动遗迹，有从周秦至西汉时期的一批石棺墓葬；古籍文献有公元前 104—前 91 年司马迁的《史记·西南夷列传》记载。这些都证明了丽江及周边地区有勤劳的各民族先民劳动生息，并且创造了较高的文化。

（二）世居民族——纳西族

丽江的世居少数民族，以纳西族居多。纳西族有多种自称和他称。见于史籍的他称主要有“摩沙”（晋·常璩：《华阳国志》《元史·地理志》等）、“磨些”（唐·樊绰：《蛮书》《旧唐书》《新唐书》等）、“摩些”（《元史·兀良合台传》、明《景泰云南志》《徐霞客游记》等）以及“摩狄”（明《南诏野史》）等多种。其中，最常用的他称为“磨些”（“些”字按当时音读为“娑”，故英文译作 Moso，法文译音作 Mosso）。纳西族的自称则有“纳”（na^{31}）、“纳西”（$na^{31}ci^{33}$）、“纳日”（$na^{31}zz^{33}$）以及“纳汝”（na31zl33）等，还有纳罕、纳恒、阮可、玛沙、吕喜、纳若等称谓，少部分人自称为“摩梭”，基本族称都是“纳”。按纳西语分析，“纳”具有“大”与“黑”的双重含义或“尊贵”之意；而西、恒、汝、喜，则指“人”或“族”。

新中国成立以后，经过本族人民的充分酝酿协商和国务院批准，于1954年正式将族称统一定为“纳西族”。纳西族的形成是多元的。从考古发现和各方面的史料以及现今纳西族的现状看，纳西族的族源是多元的。纳西族是早在几万年前就在这里生活的人类先民和从外地陆续迁徙来的人类族群的后裔。在人类发展演变的历史长河中，族群之间的兼并、同化、融合是一个不断发生的过程。不同族群通过不断的兼并、同化、融合，逐步形成新的族群或民族。历史上的纳西族有被其他民族同化、融合的人口，现今的纳西族也有同化、融合了其他民族的人口。根据现有的文献及考古等方面的资料，纳西先民是由三部分人组成的：一部分据估计便是当今云南省丽江县一带的土著居民，这部分人世世代代居住在这一地区，当为纳西族先民中人口占较多数的部分。一部分是源于甘肃省和青海省的黄河、湟水地带的古羌人。这些游牧的羌人先是向南迁徙到岷江上游，又逐渐向西南迁徙至四川省西部的雅砻江流域，再继续西迁至云南境内的金沙江上游沿岸一带及丽江等地，最后便在这一带地区定居了下来。章太炎说：“磨些者，羌之遗种”。任乃强著《羌族源流探索》载：“纳西族是羌族的远支成为单一民族”。方国瑜著《麽些民族考》载：“今之纳西，即古之磨些”。另一部分则系古代我国西南民族中称为“牦牛夷”“白狼夷”的一支所谓“夷人”族系。由于这些人居住在筰都一带，又被称为：“筰都夷”，经多年的发展演变而渐成为纳西族的先民。三国时，今四川盐源有“摩沙夷”居住。唐代，在今金沙江流域和雅砻江流域已有“磨些蛮”广泛分布，其中一部分曾在今宾川境内建立越析诏，后被南诏吞并。部分在3世纪到丽江定居，逐渐创建了特色鲜明的丽江古城。1253年，忽必烈率军南下征服大理时，先后对当地部落首领授以“茶罕章管民官”“茶罕章宣慰司”等官职，产生了土司土官制度的雏形，促进了纳西族地区相对统一。明代丽江纳西族木氏土司崛起，活动地域更为广阔。清雍正元年（1723）改土归流后，纳西族土司势微，其分布区域逐渐缩小。在漫长的历史发展进程中，以上述三部分人为主体的纳西族先民们，不断吸纳融合周边一些民族的先民，使纳西族的发展演变更加多元，逐渐发展形成了今天的纳西民族。

（三）世居民族——彝族

彝族也是丽江的世居民族。关于彝族族源，说法不一，有云南土著说、东来说、西来说、南来说、北来说等等，也有说彝族渊源于氐羌部落。《史记·西南夷列传》载：昆明族与滇（僰）、邛都等“皆氐类也”，即同为氐羌系统的民族。昆明族在“西南夷”中分布最广，并普遍地与僰叟、磨些族（纳西族）相互交错杂居在一起。彝族内分为不同远祖的支系。在丽江的彝族可划分为小凉山的“诺苏”支系；散居于华坪、永胜、丽江的“纳诺”“腊鲁”“堂郎”支系，“腊诺”（土家人）支系，以及最早在丽江的彝族土著“子彝泼”等。“诺苏”支系，属于古侯、曲涅两位远祖，大部分从四川的大凉山迁徙而来。古侯系的彝族迁入小凉山的历史比曲涅系更早，已超过 200 年。曲涅系的彝族迁入也有 150 年左右。纳诺系的彝族，包括“他鲁”（他留）、“他谷”“纳咱”“莨峨”“支里”；堂郎、腊鲁系的彝族支系包括“水田”“香堂”（阿乌泼）等自称和他称的分支，他们与诺苏支系是同源异流不同支系的彝族，但早于诺苏两三世纪在丽江的华坪、永胜生活。“土家人”属于彝族的腊诺支系，又称“腊罗泼”或“利泼苏”，在唐代（唐昭宗天复二年，902 年左右）迁入丽江的永胜片角一带。纳诺支系的“子彝泼”，从历朝史籍记载看，是最早居于丽江永胜的彝族土著先民，唐代樊绰的《蛮书》中即有“顺蛮”“本乌蛮种类”的记载，在唐以后的史书中对顺州的彝族多记为“黑”“乌蛮”“子彝”等，子姓彝族土司曾世袭元明清三朝统治顺州 700 余年。

（四）世居民族——傈僳族

傈僳族自称“傈僳”，“傈”是这个民族的族名，含有“高贵”之意，“僳”一般是指人或族。汉文史籍记载的栗粟、栗潄、傈呰、傈蛮、呰蛮都是傈僳族。“傈僳”族名的来历，据傈僳族老人解释，“傈”是“四”的意思，“僳”是“人”的意思，“傈僳”即“老四”。“傈僳”二字是傈僳语的音译。传说古时候有七兄弟，老大是汉族，老二是彝族，老三是藏族，傈僳族是老四……在1—3 世纪期间，今天四川的南部，古时候被称为越嶲、犍内、台登、邛都、定笮的广大地区，都是彝族居住的地区。当时，雅砻江称诺矣江，金沙江称泸水，澜沧江称兰津，怒江称诺工，都是“黑水”的意思。这种命名来源于古氐羌族居于这几条江沿岸。据傈僳族老人说，世世代代口传，他们祖先居于澜沧江以东的“诺易比”两岸，“易比”指金沙江，泸水的“泸”实为“诺”字，不过是汉字记傈僳、彝语的异字而已。从地理分布和神话传说、风习分析，傈僳族与彝族、哈尼族、拉祜族、纳西族等同属一个族源，是羌人的后裔，古代乌蛮的一支。汉文典籍最早的记载见于唐代樊绰所著《蛮书》：“栗粟二姓。”明朝以后，有关傈僳族的记载就比较多了，《景泰云南图志书》卷四载：“有栗粟者，亦倮倮之别种也。”《南诏野史》提到：“力些即栗粟。”傈僳族同源于氐羌系统彝语支。在纪元以后的漫长历史中，经历了西南夷氐羌族群迁徙离合的悠久历史。傈僳族在8世纪便居住在雅砻江及金沙江两岸的广大地区，在唐代是“乌蛮”的一个组成部分，是彝语集团的一个支系，与彝族、纳西族有着密切的关系，同属“乌蛮”部落的一员。历代文献把傈僳与彝、磨些（纳西）等族并称为“东蛮”或“东吴蛮”。从唐以后的史籍中均有记载，是丽江古老的世居民族之一。

（五）世居民族——白族

丽江的白族自称“白子”“白尼”“白伙”，他称“民家”，纳西语称“勒布”，傈僳语称“勒墨”。史书文字记录多称为“僰人”“白蛮”“白人”“民家”。“僰”是自称，唐朝改写为“白”。明朝后期在白族中出现了“民家”的称呼。一直到中华人民共和国成立仍自称民家，1956 年 11 月，根据广大白族人民的意愿，以白族作为族称。白族的族源历史上曾有“土著说”“汉人迁来说”“僰人迁来说”“哀牢九隆说”“多种族融合说”“氐羌族源说”“西北蛮说”等等。在数千年的历史长河中，由于征战、拓土、商贸、屯垦、驻边等历史原因，融合进了氐羌、楚蜀（包括苗瑶、百越）人，大量的南北方汉人和省内的“三十七蛮部”中的一些兄弟民族，从而使白族族源具有多元的特点。白族也是丽江的世居民族。丽江紧靠洱海白族聚居区，在长期的生产生活中，周边的白族逐步迁入，形成大杂居、小聚居的状况。

（六）世居民族——普米族

普米族在历史上有多种不同的称谓。汉朝初年，普米族先民分布在牦牛王属地，被统称为“筰”“牦牛夷”。晋代，普米族被称作“西番”。唐代，普米族地区属南诏势力范围，普米族先民又被南诏统治者统称为“东蛮”。随着历史的沿革，许多称谓逐渐被淘汰，而“西番”的称谓却沿袭了下来，并屡见于汉文典籍。但“西番”一词在历史上，曾泛指滇、川、青、康一带藏缅语族的各少数民族，普米只是西番众多支系中人数最多的一支。汉族和白族称普米族为“西番”，彝族称之为“窝朱”，藏族和纳西族支系摩梭人称之为“巴”，丽江纳西族称之为“博”“崩”。普米族自称“培米”。“培”意为白，“米”意为人，有白人的含义。“普米”是普米族人比较统一的自称，这一称谓在不同地区的普米族中又有语音上的差异。宁蒗的普米族自称为“普日咪”“啪咪”，兰坪县的普米族自称“普英咪”，永胜、丽江等县的普米族自称“普米”“平米”“批咪”等。四川省木里、盐源、冕宁和九龙县也有部分普米族自称“拍咪”的，但这批普米人在中华人民共和国成立后已划为藏族。1960年，国务院根据普米族的意愿，正式确认滇西北的“普米”为单一民族，并定名为“普米族”。普米是古代羌族的一支遗裔，原来是西北的游牧民族，后来沿横断山脉南下。他们称汉族为“夏米”，即夏人。汉唐之际，他们曾生活在四川省邛崃山脉以西，金沙江、雅砻江和大渡河之间的广阔地带。普米族古老相传说，其先民曾在贡嘎岭地区生活，以后逐渐南移至九龙、越西、冕宁、西昌一带。在元世祖南征大理时，部分西番人随军南下，最后定居于滇西北地区。

（七）世居民族——傣族

傣族是云南省的古老居民，但傣族族称“傣”是新中国建立后按照傣族人民的意愿，依其自称“tai^{21}”而正式定名的。在历史上，傣族族称不断变化。汉晋时期称为“滇越”或“掸”，也有史书称作“僚”“鸠僚”或“骆”。到唐宋时期，樊绰《蛮书》等史籍称之为“金齿”“银齿”“黑齿”“绣脚”“绣面”或“茫蛮”“白衣”。元明时期仍称“金齿”“白衣”，也写作“白夷”“伯夷”，有的史书写作“僰夷”，此名称常与白族先民“僰人”混淆。到清代以后，则称为“摆夷”“摆衣”。这些名称除“越”字应是本族自称之外，其他都是他称，常常是外人根据其形体装饰或服饰特点称呼的，这多少带有一点民族隔阂和民族关系不平等的痕迹。如今以本民族的自称来命名，正反映了新中国建立后各民族互相尊重的平等关系。傣族先民“滇越”一名，最早见于《史记·大宛列传》。与当时福建的闽越，广州的南越，广西及越南北部的西瓯越和骆越，两广的扬越，皖南及赣湘东部的山越，浙江的大越、于越和瓯越，同称“百越”或“百粤”。滇越作为古越人的一支，与其他越人有着共同的文化特征，如种水稻，习水性，烧制印纹陶器，住干栏式建筑，有断发文身之俗等，这些都为后代傣族所继承。但滇越还有一点是其他越人所没有的，那就是其地产象。到东汉时期，出现有“掸人”的称呼，在《后汉书》的《和帝本纪》《安帝本纪》《顺帝本纪》中皆有记载，其中所记的“掸国”，也就是滇越。不过，掸人当时分布区域很广，而且在其中心地区已形成强大的部落联盟，被东汉王朝承认为一个王国，其经济文化也已相当发达。

这些东汉时代的掸人就是现代缅甸掸族和我国傣族的先民。

东汉之后，滇越或掸等族名不再见于史册，魏晋以来有关云南之“僚”“鸠僚”“骆”“濮”等记载，大体上都是滇越或掸人的后裔，也就是今天傣族的先民。在东汉至唐宋之间700—800年，史书上对僚人的记载十分丰富，其习俗如以长幼次第称呼所生男女，住干栏，以长者为王，不能远相统摄，能卧水底，持刀刺鱼，嚼食，鼻饮，铸铜为器等等，至今仍多遗留于傣族生活之中。凡此种种说明，秦汉之后的数百年间，傣族先民被冠以僚、骆及其他族名，作为滇越的后裔，继续繁衍生息，发展自己民族的传统文化。居住在丽江的傣族自称为“傣”，也称“摆衣”“白夷”“摆夷”“夷”等。居住在水源丰富、气候炎热的江边河谷。秦汉时期，出自百越系的濮族人口，自汉代从红河而上进入金沙江河谷。据《华阳国志·蜀志》金沙江河谷有濮人邑，表明早在蜀汉时傣族就在这里生活。另据口碑资料和民俗田野调查，今丽江境内的傣族也有一部分是唐南诏时期和明代从德宏、景东等地北迁而来。

（八）世居民族——苗族

苗族族称古老，最早见于甲骨文中。唐宋以前，曾有“三苗”“南蛮”“荆蛮”“五陵蛮”等称呼。这些称呼把苗和其他族称混同在一起。宋以后，苗才从若干混称的“蛮”中脱离出来，作为单一的民族名称。苗族的自称，在湘西地区称“仡熊”（果熊），而在其他地区称“卯”“猛”或“蒙”等。“猛”或“蒙”，黔东南苗语意为“树心”，传说枫树心生“妹榜妹留”（蝴蝶妈妈），“妹榜妹留”才生苗族远祖“姜央”，故把“猛”或“蒙”作族称。局部地区称为“嘠闹”，意为乌，或许是古代乌氏族图腾的遗迹。历史上，曾按其服饰、居地等方面的不同，在“苗”字前面冠以不同的名称。1949 年以后，统称为苗族。关于苗族族源，与早在 4000 多年前，生活在黄河流域到长江流域以及长江中下游以南地区的被史籍称为“南蛮”的氏族或部落有联系。有人认为古史传说时代的蚩尤为今日苗族所尊奉的始祖，与苗族有亲缘关系。有人认为古代三苗与苗族有渊源关系。有人则认为今日之“苗”可追溯到古代的“髳”人。此外，还有驩兜说、夜郎说、巴郡南郡蛮说、槃瓠蛮说、武陵蛮说等。近年来，有人提出传说时代的蚩尤、唐虞夏时代的三苗、殷周时代的髳、春秋战国时代的荆蛮、秦汉时代的黔中蛮或武陵蛮，都包括有苗族先民在内，是苗族先民在历史上不同时代的不同名称。总之，根据史籍记载和传说，苗族先民殷周时代已在今湖北清江流域和湖南洞庭湖一带生息。约在春秋战国时期，巴蜀、夜郎以及荆州都有苗族先民活动。秦汉时，大部分苗族先民在武陵郡、牂牁郡、越嶲郡、巴郡、南郡等地区定居，小部分继续迁徙到黔东南到柳江流域。之后，由于战争、饥馑、疾病流行、生育繁密、农田丢荒等原因而不断迁徙。据口碑资料丽江的苗族大多于清代为躲避战乱、饥荒，从湖南、贵州、四川等地迁入。

（九）世居民族——回族

回族是回回民族的简称。“回回”这一名称，最早出现在北宋的文献里，它所指的是唐代以来居住在安西（今新疆南部及葱岭以西部分地区）一带的“回讫人”（回鹘人）。南宋时有的文献里提到“回回”和“回回国”，在含义上除包括唐代所说的“回讫”“回鹘”外，还包括葱岭以西的一些民族。这些都和我们现在所说的“回回”含义不同。原为元代迁入中国的中亚波斯人、阿拉伯人等信仰伊斯兰教的不同民族，在长期与其他民族杂居交往过程中，逐渐吸收汉、蒙、维吾尔等民族成分，至明代初期，最终形成回族。丽江的回族分别在元明清时期迁入，他们或为军人，或为商人。元朝时主要随蒙古军队来到丽江。更多的回族是在清朝时期经商、开矿而来。杜文秀起义时将领虎应龙，曾是永胜银矿矿工。杜文秀起义失败后，大量回族逃亡、隐居迁入，今华坪县境内的回族就是这一时期迁入的。

（十）世居民族——藏族

藏族自称为“蕃”（bod），自古而然。在汉文典籍中，藏族这一称谓变化较多。隋时称宝髻、附国、女国、苏毗等；唐时称吐蕃；元时称乌斯藏、图伯特、唐古忒等；明沿袭旧称，将乌斯藏称卫藏；由明入清，便有了西藏这一称谓，沿用至今。有时地域概念与族称混用。关于藏族的族源，学术界有多种观点，有南来说、西羌说、东来说。丽江与藏族聚居区接壤，丽江的宁蒗在唐代就有藏族居住。而据口碑资料，丽江许多地方的藏族从明朝以后迁入。居住分散，解放前其社会形态与经济状况受其他民族影响，没有形成独立的社会制度。

(十一) 世居民族——壮族

壮族，源于我国南方古代百越族群的西瓯、骆越部族，是壮族地区的原著民族。当时俍人、俍民在广西占有一半之多。在旧石器时代，今之壮族地区就有古人类活动；新石器时代的桂林甑皮岩人（距今1万年前）是至今我国发现最早制造陶器和驯养家猪的古人类之一。据体质人类学的比较研究，甑皮岩人与旧石器时代晚期的“柳江人”（距今5万年前）的体质特征有着继承和发展的关系，同属于南方蒙古人种。壮族族称，历代称谓有所不同。商周时称为“濮”，壮人自称亦为“布”。“濮”“布”是同音异写。秦汉时期称为西瓯、骆越、乌浒人。“西瓯”始见于《汉书·西南夷两粤朝鲜传》中的“蛮夷中，西有西瓯”之句。而“骆越”则见于《汉书·贾捐之传》的“骆越之人，父子同川而俗，相习以鼻饮”和《马援传》的“于交趾得骆越铜鼓”。“乌浒”是继西瓯、骆越之后的称谓，是瓯骆族的后裔之名。隋唐时称为“俚”“僚”。当时俚、僚人岭南处处都有，他们活动的地方数千里，有的史书把俚、僚说成是一个民族，同一的族称。宋代称为僮。“僮”始见于宋人范成大的《桂海虞衡志》中的“庆远、南丹溪洞之民呼为僮”句，明清时称为俍人、俍民、侬、沙、仲家。1949 年以后，把居住在广西、云南、广东等省讲僮语（母语）的称为僮族。1965 年遵照周恩来总理的倡议，将“僮”改为“壮”，自此，僮族统一称为壮族。壮族进入丽江的时间无史料可查。而据口碑资料，华坪县境内的壮族于明朝中期从广西迁四川重庆居住后在清初迁入；宁蒗境内的壮族祖籍为贵州贵阳府的白驿里，于明末清初迁入宁蒗永宁一带；永胜、丽江县的壮族与宁蒗县的壮族同源。1990 年（第四次人口普查）3552 人。1999 年 3330 人，占全市总人口的 0.3%。宁蒗永宁一带的壮族因居住集中，人口相对较多，至今仍保留着本民族的语言文字和古老的风俗习惯。而丽江、永胜、华坪的部分壮族因与汉、纳西、傣等民族长期杂居在一起，语言、风俗习惯等被汉化，或被其他民族同化。解放前主要从事农业生产，兼有畜牧业、手工业、狩猎业等。1956年以前居住在宁蒗的壮族没有人生自由，没有自己的土地，租种当地领主或封建地主的土地，还有无偿的杂役劳动。

（十二）世居民族——汉族

汉族占丽江市的总人口的39.73%（2013年）。汉晋唐南诏时期，内地的汉族因经商、游宦或自然灾害，或因战败或被南诏掳掠来的少数汉族落籍丽江。明清时期，中央王朝继汉唐之后，继续开展对云南少数民族地区的移民垦殖活动，而且较之汉唐时期规模更大，影响更深更广。如明初洪武年间的调卫、清初沐英平定云南时，迁入云南，入籍丽江的汉族最为明显，使汉族总人口逐步超过了少数民族总人口。丽江的汉族多数在这几个时期迁入。

（十三）神川之战

794年（唐贞元十年）3月，南召王异牟寻与唐使者崔佐时在点苍山会盟归唐，乘吐蕃向其征兵之机，假以5000弱兵应付，自率大军数万潜随其后，打败吐蕃于神川（今石鼓至塔城沿金沙江一带），断神川铁桥（在今丽江巨甸塔城），取桥东16城，俘其五王，近万人投水死。迁铁桥上下麽些万户到滇中。古称神川之战。

（十四）元设丽江——土司制度的设立

1253年（南宋宝祐元年），忽必烈率蒙古兵分三路征大理，丽江土著民族（纳西族）首领麦良、和字归降，并随蒙古军灭大理国。1272年（元至元八年），元朝建立后，在丽江置茶罕章宣慰司。随元朝蒙古军迁入到丽江的还有部分回族和中途加入蒙古军的普米族。1274年（元至元十一年），元政权设置“丽江路军民总管府”，“丽江”之名从此始。从此，结束了原来“酋寨星列”的局面，统一了各部落，丽江正式纳入了云南行省的行政区辖。元朝统一中国，实际上是隋唐及辽金、两宋时期由大一统到多政权并存，但同一性不断发展的必然结果。元朝比较注重边疆的开拓，为了达到和平同化的目的，十分重视对边疆少数民族宗教领袖的团结和利用。元朝统治者虽是从马背上争战创业的，取得政权后为巩固统治大力提倡儒学，元代文人王惠、王升父子先后到丽江倡导汉文化和儒学。长期以来，儒家文化构成了汉文化的主流，儒家的宗教观成为历代政府制定宗教政策的基础。儒家思想中有一个具有方法论意义的重要观念——中庸，主张“君子和而不同”。千百年来，历朝统治者都是用这种“和而不同”“殊途同归”的思维方式来对待各种域外的宗教和文化，形成了中国人特有的宗教宽容精神。元朝统治者借鉴了历代封建王朝对各少数民族实行羁縻制度和利用兼容的策略，对西南各部族的大姓，因其请而以土司之职。元时丽江已是一个多民族的地方，《元一统志》载，丽江路“蛮有八种，曰麽些、曰白、曰罗落、曰冬闷、曰峨昌、曰撬、曰吐蕃、曰卢，参错而居，故称一国，麽些蛮最多于诸种”。当时，纳西族（麽些）、白族、彝族（罗落）、阿昌族（峨昌）、藏族（吐蕃）、独龙族（撬）、傈僳族（卢）、怒族（冬闷）等民族杂居在金沙江、澜沧江、怒江流域一带，纳西族人口较多。元在纳西族、彝族、白族等民族中设立世袭的土知府、土官，以统治各土著少数民族。明袭元制，凡结族来附降者，均以原官，并加以重用，土司便成为统治王朝倚重的疆吏，甚至同于藩国。丽江的纳西族、彝族等民族从元代实行土司制，沿袭了元明清三朝。

（十五）明洪武调卫

明洪武二十九年（1396 年）湖广镇兵马在澜沧卫屯田，中原汉族（多为湖广人氏）1 万余人定居永胜。这是丽江历史上有史料记载的规模最大的汉族移民。

（十六）明时的土司制度

汉族移民集中的地方，明朝廷为加强中央政权的控制，实行“改土归流”，使土司制度更为完备。明时丽江的土司与中央的关系十分密切，深得明王朝信任和倚重的丽江木氏土司采取了一系列的开明政策，促进了纳西族地区经济文化的发展繁荣。木氏土司依托多民族、大一统的国家中央政权，大量吸纳内地汉族和其他民族的先进文化与生产生活方式，与周边各民族的土司修好结姻。为中央政权“辑宁边境”（1543）做“西北藩篱”（1574），得到中央政权“诚心报国”（1383）、“忠义”（1620）、“益笃忠贞”（1622）的褒奖，被“位列九卿”（1644），授予大夫、布政使司、参政、资治少尹等许多头衔的同时，借助中央力量扩大自己的势力范围，也使纳西族地区经济文化得到长足的发展。从明代开始，随着各民族迁入丽江的增多，汉族的儒学、汉传佛教，道教，藏族的藏传佛教、回族的伊斯兰教等相继传入，丽江的土司统治者也采取了宽容的态度，使丽江成为多元宗教信仰并存的地方。纳西族、彝族、傈僳族的原始宗教泛神化的“尊天敬祖”信仰成为丽江各民族统一的政治基础，相互包容不同民族保持自己独特的宗教信仰，多元宗教信仰促进了多民族和睦相处。保护各民族群众多元宗教信仰的自由，是维护中央集权政治统一和地区稳定和睦的前提。丽江历代民族上层，不论是纳西族的木氏（丽江军民府土知府领四州一县）、章氏（北胜土州同）、阿氏（蒗蕖土知州）、和氏（永宁土知州，和字后裔，即后的阿氏），彝族的子氏（顺州土知同）、白族的高氏（北胜土知府），都能对其他民族的宗教信仰采取比较宽容的政策。纳西族的木氏土司还把忠于中央王朝的“忠君”思想附会到本民族的“尊天敬祖”的信仰当中，灌输到民间，用当时的话叫作“因俗而治”。在中国封建社会里，帝王一方面是专制统治者，另一方面又是国家政治生活的组织者，故忠于君王也就是忠于国家的代名词。先秦时期就已形成的华夷五方之民共称天下的观念和天下大一统的理念随着儒学的深入人心，历久而弥坚。五方之民自然条件不同，生产、生活方式及宗教信仰必然也存在着差异，所以不能强求其统一。这种大一统是建立在“修其教不易其俗，齐其政不易其宜”，即保证大政整齐、国家统一的前提下，多种族群、文化、语言，乃至宗教兼容并存，共同发展。这就使得中国历史上民族间相互涵容学习，形成了中华民族“我中有你，你中有我”的特点，使得同处在一个统一多民族中国内的中华各民族政治、经济、文化交往十分密切，中华民族的共性日益增强，形成强大的凝聚力和向心力，不仅促进了祖国统一的发展与巩固，而且各民族共同创造了统一多民族中国的历史。丽江的统治者也把这种策略应用到扩大自己的势力范围的对外征战中，因而加速了周边地区的稳定，巩固了统治。有意思的是，丽江世居民族的古老传说中，都有各民族是一母兄弟的说法；从语言学的角度分析，都属于汉藏语系，大部分属藏缅语族彝语支；从人类学的角度分析，属同一人种。明朝时期是汉族和其他民族迁入最多的时期，也是丽江的世居民族繁荣发展时期。外来的其他民族很快融入当地民族，成为当地民族的一员；而当地土著民族在吸收融合外来文化的同时，重组自己新的文化系统。这种吸收、融合、重组，其实是一种顺应历史定向性的进化，它既有表层形式上的吸收、融合、重组，也有深层文化意识形态上的吸收、融合、重组，形成了顺应历史兼容并蓄的文化，因而才具有既保持自己民族的特性而又能与其他民族和睦相处的特点。在这方面，纳西族的木氏土司尤有建树，促进了西部纳西族的快速发展。木氏土司在历史上对纳西文化的形成和发展有过不可低估的贡献，但由于受历史条件的限制，土司制度不可避免地有它的历史局限。如在木氏土司统治的中心区域，规定外来流民，“皆从其俗”，“流寓入籍者必改姓和”。其他土司为巩固其统治，在领地内对其属民，包括领地内的其他民族以及外来流民制定了一系列残酷强制性规定和习惯法，以维护属民对其在政治上从属、经济上依附、文化习俗等方面随从的人身依附关系。这种带有强制性的规定虽然对外来文化的融入有一定的制约，但客观上对民族民俗文化的生存、保护也起到了一定的作用。在各民族人民在长期的生产生活中，习俗的潜移默化，观念的相互影响，文化的相互渗透是显而易见的。相近的民俗，民间的许多传统节日，木府的建筑风格，都能说明这一点。

（十七）各民族人民的反抗斗争

随着时代的发展，土司制度的苛刻剥削和残酷的专制制度越来越束缚了民族地区生产力的发展，而清政府对民族地区的剥削统治和土司变本加厉的盘剥使各民族人民承受着双重的民族压迫和剥削，激起了各民族人民的反抗。18 世纪末至 20 世纪初，丽江各县各民族的反抗斗争此起彼伏。如 1802 年丽江府属维西恒乍绷领导的近代规模最大的傈僳族农民起义；1821 年华坪唐贵（傈僳族）、傅添贵（汉族）、陈添培（汉族）、梅依老十（彝族）、刀周（傣族）、沙里得（回族）领导的傈僳族农民起义，永北府（今永胜）仁里河两岸各民族农民纷纷响应参加义军，起义失败后，华坪的傈僳族遭到清政府的血腥镇压，第二年世居华坪的许多傈僳人发誓“宁走险路三千里，不作顺民留老家”，大规模迁往楚雄元谋和德宏、临沧，这是继1548—1549年大规模迁往怒江一带后进行的第二次大迁徙；1856年杜文秀领导的回民起义历时18年，曾几次攻克丽江、永胜等县城；1860年丽江金沙江边李补、李绍先领导的傈僳族农民起义；1874年永胜片角朱明新领导的农民起义；1893年永北丁洪贵领导的傈僳族农民起义和华坪谷老五领导的傈僳族农民起义；1910年丽江木双壁、王政领导的纳西族农民起义，等等。

（十八）清时的“改土归流”

各民族人民的这种反抗斗争，不仅动摇了土司制度，也危及了清政府的统治。土司和清政府勾结起来对各民族人民的反抗进行了残酷的镇压。各民族人民的反抗斗争迫使清政府实施一些积极的治边策略，促进了丽江各地区经济和文化的发展。特别是雍正元年（1723年）改土归流后，丽江最大的木氏土司势力退出历史舞台，取而代之的是流官统治下相对平等的各民族之间的相互交往，民族关系有了进一步的发展。这种发展更多地表现为经济上的往来和文化上的相互渗透，宗教信仰的多元化和相互包容、共存。在丽江地域内，是道教、汉传佛教传往藏区的止点，也是藏传佛教传往汉地的终端，成为汉藏文化的交汇地。各民族的原始宗教与外来传入的各种宗教和平共处，各民族对各种宗教信而不笃，各种宗教在民间世俗化、平民化，成为丽江的特色。在丽江历史上，因为奉行多元信仰的宗教观，所以从没有因信仰差异而导致大规模宗教迫害、宗教冲突。

（十九）茶马互市和盐铁贸易

由于丽江特有的地理条件，各民族之间很早就形成了经济、文化上的互补互济和互相依赖的关系。无论是国家统一时期，还是暂时分裂阶段，这种各民族间经济与文化的天然联系都不曾被割断。历史上史不绝书的茶马互市和盐铁贸易就是最生动的注解。“茶马互市”即茶马交易治边制度，从隋唐始，至清代止，历经岁月沧桑近千年。在茶马市场交易的漫长岁月里，中国商人在西北、西南边陲，用自己的双脚，踏出了一条崎岖绵延的茶马古道。所谓茶马古道，实际上就是一条地道的马帮之路。茶马古道的线路主要有两条：一条从四川雅安出发，经泸定、康定、巴塘、昌都到西藏拉萨，再到尼泊尔、印度，国内路线全长3100多公里；另一条路线从云南普洱茶原产地

（今西双版纳、思茅等地）出发，经大理、丽江、中甸、德钦，到西藏邦达、察隅或昌都、洛隆、工布江达、拉萨，然后再经江孜、亚东，分别到缅甸、尼泊尔、印度，国内路线全长 3800 多公里。它不仅是卫藏与今川滇地区之间古代先民们迁移流动的一条重要通道，同时也是今川、滇、藏三地间古代文明传播和交流的重要通道。1661 年（清顺治十八年），达赖喇嘛与青海根都台吉，遣使求于北胜州（今永胜县）互市茶马。吴三桂奏准开北胜关。继开中甸互市。此间，西藏、蒙古马入滇约 20 万匹。早在明代，“普茶远销，盛极一时”，藏族商队每年有三五百匹驮马将茶销往康藏，年约 3000 担，称“边销茶”“蛮装茶”。丽江地区成为茶马古道的枢纽。明代丽江土知府木氏在今丽江县七河设立税局，征收商税。1688 年（清康熙二十七年），“达赖喇嘛求互市于金沙江，总督范承勋以金沙江属内地，奏请于中甸互市，遂设渡（阿喜渡）通商贸易。”地处丽江西部金沙江边的阿喜渡口，是整个清代到民国时期往藏区的主要渡口，马帮络绎不绝。同时，在光绪年间，已有从丽江奉科到宁蒗永宁，再到川西藏区的官渡口。此后，丽江纳西族商人到藏区经商的人逐渐增多，较大的商号有大研镇杨家的“永聚兴”、牛家的“裕春和”、赖家的“仁和昌”、李家的“永兴号”等等，这些商号以收购藏区的山货土特产品，转销内地茶叶、丝绸为主。后来经营范围不断扩大，生意越来越兴隆，国内昆明、成都和上海等城市设有分号，还远入香港、印度、尼泊尔等地区和国家。在中国西南的茶马互市和盐铁贸易的悠久历史中，丽江各民族所处的地理环境以及与周边民族的关系决定了丽江的世居民族，特别是纳西族（包括纳西族摩梭人）、白族、藏族始终是不可或缺的重要的角色，成为维系茶马古道和盐铁贸易的纽带和桥梁，成为各民族和睦相处、互通有无的友好使者和各民族文化交流，特别是汉藏文化交流、汉彝文化交流的文化使者。

（二十）丽江版《甘珠尔》

1620—1627（明万历末年至天启年间），丽江土知府木增主持刻印了藏文《甘珠尔》大藏经，其中一套经书赠送给拉萨大昭寺，为目前所能看到的唯一一部原版经典。历经近400年风雨而完整保存下来，成为稀世珍品，是大昭寺的珍贵文物之一。清康熙三十八年（1699年），蒙古族和硕特部南下兵临滇西北，将藏于丽江的这部《甘珠尔》用骡马驮运到四川理塘大喇嘛寺存放，故此部《甘珠尔》又名理塘版。明代丽江版《甘珠尔》大藏经是丽江多元文化的重要见证，见证了纳西族与藏族友谊的历史，是滇西北地区与西藏地区文化交流的瑰宝。

（二十一）多元文化的缓冲区

丽江各世居民族在共同生活的历史中，也曾有过冲突和摩擦，但没有成为世仇，相互间的关系始终是融洽和睦的。丽江在一定程度上成为周边各民族矛盾的缓冲区、化解区、和解区。从唐南诏开始，虽然当时唐、南诏、吐蕃争战不止，但茶马古道的经济文化交流从未中断，丽江的世居民族在其间实际起到的斡旋、缓冲、化解、和解作用是客观存在的。如1660年藏传佛教大宝法王因“构讼被逐”时，1677年二法王哈马临青格丁为避难“挚家来奔”时，1856年清政府对回族、傈僳族的反抗镇压迫害时，丽江又成为安全的避难港湾。而一旦面对分裂国家民族的举动，则表现为全力的反对和抵制。如清“三藩之乱”时，吴三桂囚禁挟持纳西族土司木懿，妄图分裂国家，就遭到木氏土司的抵制。吴三桂叛乱后，木氏土司积极协助清政府平叛，“调集夷民万余，谨守堵剿”。为巩固统一的多民族国家的疆域，维护祖国统一做出了贡献。凡在历史上促进中国统一发展的历史人物，无论他是哪个民族，通常都被推崇为大英雄；而凡制造分裂的人，也无论他是哪个民族，都被贬斥为历史的罪人。总之，统一是中国历史发展的主流，是中国各民族根本和长远利益之所系，是各族人民共同的愿望和追求目标。这也是丽江世居民族对中华民族古典爱国主义精神的高度发扬，是中华民族整体民族意识萌发的具体表现。不难看出，丽江各民族的形成与发展，是与中华统一的多民族国家的形成和巩固同步进行的。丽江各民族的形成与发展，为地理条件殊异、民族成分众多的中国能凝结成统一的多民族国家做出了贡献，为疆域广大的中国能成为世界上唯一从古至今始终保持统一格局和文明传统不断的国家做出了贡献。

（二十二）徐霞客游丽江

1639年（明崇祯十二年），旅行家徐霞客于正月二十五日由鹤庆经丽江县七河邱塘关（今关坡）进入丽江，受到当时丽江土知府木增的盛情接待及资助。丽江木氏土司木增热衷于中原文化，让徐霞客十分钦慕，徐霞客为木氏所作《云薖淡墨》作序，并受托修《鸡足山志》。二月十日由来路返去。所著《徐霞客游记·滇游日记》中记述有他耳闻目睹的有关丽江地方政治、经济、文化及地理、社会状况等珍贵历史资料。

（二十三）雪山书院

1738年（清雍正三年），丽江知府杨馝、儒学教授万咸燕同创雪山书院，院址在今丽江地区供销合作社办事处。杨馝为丽江首任流官，到任后即筹建书院，延聘儒学教授万咸燕作山长，万通晓儒家经书道学，讲学半年后逢岁试，列优等5人，受提学嘉奖。乾隆二年（1737）丽江知府管学宣延聘大理举人杨济、呈贡举人孙似茗主持书院。管拨银84两，置数百亩学田，拨官庄公件及公款公粮给书院作常年开支费用及膏火月课。乾隆五十五年（1790）知县徐修献、举人李廷俊重修，咸丰年间毁于兵燹。同治十二年（1873）知府徐承勋、知县周维巽、举人杨风友重建。光绪十九年（1893）知府陈宗海，绅士和庚吉、李福宝等在原址改建。光绪二十七年（1901）颁治学堂章程，改书院为学堂。光绪三十一年（1905）雪山书院停办改为县立高等小学堂。丽江纳西族木正源、李玉湛、周之松、周兰坪、王树和等先后任书院山长、主讲。雪山书院延续近170年，对丽江纳西族学习汉儒经学，接受中原文化，促进民族发展起到了积极作用。

（二十四）报效国家的民族向心力

近代以来，随着社会的发展，丽江与中国社会发展的节奏越来越接近，丽江地区与中国社会发展趋势的关联度越来越紧密，由此衍生的各民族与中华大民族的向心力、凝聚力愈发增强，各民族文化在中国社会的发展进程中顺应历史定向性的趋向力愈发显著。清末，西方列强以坚船利炮轰开了中国的东大门，继而又把侵略的魔爪伸向了我国的边疆民族地区。中华民族遭受了有史以来最为惨痛的侵略。面对空前深重的民族危机，中华民族从自发的联合逐步走向自觉联合，坚决抵抗和打击各种侵略，捍卫祖国统一。光绪三年(1877)，左宗棠率领清军讨伐阿古柏傀儡政权，抗击英俄侵略者，收复新疆时，纳西族将领和耀增、和虎臣父子率部赴疆，维护了祖国领土的完整。19世纪下半叶，法国武装侵占越南，并骚扰云南和广西边境，威胁我国西南边疆的安全，各族人民纷纷起来抗击法国侵略者。清军将领岑毓英招募的抗法部队中，“汉民居其半，四夷居其半”。当时居住在滇桂地区的壮族、苗族、瑶族、白族、彝族、傣族、纳西族及汉族等民族都积极投身到抗击法军、保卫边疆的战斗。和虎臣再次投笔从戎，在老将冯子才麾下挥戈杀敌，大破法军。和虎臣是清末力主抵抗的著名纳西族爱国将领，参加过当时几乎所有抵抗帝国主义侵略的战事。光绪十一年（1885），镇南关战役中，在抗法的部队里纳西族副将衔和演、和际泰，游击副将衔赵德润，都司衔奚长发和兵丁百余人均壮烈牺牲，谱写了一曲中华各民族儿女携手捍卫祖国的壮丽凯歌。1884年，华坪爆发了童成兴领导的驱逐为侵华势力张目的法国传教士的斗争。

（二十五）现代教育的开始

1906年（清光绪三十二年）丽江知府彭友兰开办丽江府中学堂，丽江府中学堂是云南省最早开办的3所中学之一。丽江府中学堂又称省立第三中学、联中（即现市一中），在所属各州县内招收了中学生一班，初级师范生一班，由和积贤任校长，赵世铭等任教师，他们是丽江清末革新教育、开办新政的先锋。

（二十六）《丽江白话报》

1907年，《丽江白话报》问世，这是云南最早的一份白话报。该报是继1903年上海创办的《中国白话报》之后的一份重要报纸。丽江知府彭继志从四川购进铅印，招聘技术工人，克服重重困难，建成“丽江印书馆”，又聘剑川名士赵世铭（星海）为主编，本地学者周冠南等为主要撰稿人，出版云南省的第一份白话报——《丽江白话报》。该报每月中旬出版，每册约20页，最初发行于丽江府属的丽江、鹤庆、剑川、中甸、维西、兰坪等县。后因当时云南提学使叶伯皋认为该报“以开展民智”“谕令月送二千册由学院颁发各府、厅、州、县”，发行范围扩大到全省。

白族学者赵世铭先后在丽江、保山创办了《丽江白话报》和《永昌白话报》，是在云南最早使用和推行白话文的人，比胡适提倡白话文早12年，是中国白话文运动的先驱者。这两份报纸成为中国最早的白话文报纸之一，在中国新闻史、出版史上都占有重要地位 。

（二十七）丽江始设电报局

1909年（清宣统元年）5月，丽江建立官电局，直属云南省电报总局。1913年（民国2年）4月，丽江官电局改称电报局。1944年（民国33年）4月，丽江电报局定为五等电报局。电报局配有报务员、译电员、实报员、线佐、报差、摇工、公役等人员。

（二十八）丽江设商会

1911年，由丽江商人、工商企业自发组成的以维护会员合法权益、促进工商业繁荣为宗旨的民间社会团体丽江商会成立。首届商会董事6人，其中丽江籍商人2人，大理、鹤庆籍商人各2人，董事长由全体会员在丽江籍董事中选举产生。商会下设5个股，秘书股负责召集会议，张贴广告；总务股负责商会经费；评议股负责调解商人之间的纠纷；宣传股负责对外宣传；文娱股负责平时及每年3月劝工会、7月骡马会的文娱活动。商会一直延续到1955年，共历18届。20世纪20年代，石鼓、巨甸亦分别成立商会。

（二十九）参加护国运动

1911年丽江绅士为响应“九·九”起义结盟。1916年丽江有3420名青年参加讨袁护国军，当时丽江人口不足10万，这在全国的少数民族中是绝无仅有的。

（三十）大革命时期的丽江

1921年，在北平求学的纳西族青年学生陈可轩积极参加了“五·四”运动。受“五·四”新文化、新思想的影响，和志钧（纳西族）、和志坚（纳西族）、李群杰（纳西族）、李寒谷（纳西族）、方国瑜（纳西族）、李介民（华坪籍、汉族）、严英武（华坪籍、汉族）、严英俊（华坪籍、汉族）、陶育金（华坪籍、汉族）等丽江籍各族青年在北京、昆明等地求学时接受了民主进步的思想。1924年底，云南早期革命人士在昆明省立第一中学（今昆明市第一中学）组织秘密进步组织云南青年努力会时，严英武、严英俊等人就参加了革命活动。1925 年中共党组织在云南建立共青团组织时，严英武、严英俊成为云南省第一批中国共产主义青年团团员。陶育晶、严英武、严英俊、陈永贵（华坪籍、汉族）、丁志平（华坪籍、汉族）、李介民等人在大革命时期先后参加了中国共产党，他们是最早的丽江籍的中共党员。1927 年，中共云南省党组织派严英武等人在华坪先后建立了农民协会和妇女解放协会等群众团体。1927 年 12 月，严英武受中共云南省临委派遣到文山洒戛竜建立了第一个党支部，严英武任书记。1928 年 1 月，国民党云南省政府“清共”，通缉共产党员，由于出现叛徒，中共云南省党组织遭到破坏。1928 年 4 月丁志平在官印局被捕，6 月严英武做省临委地下交通员时在阿迷（开远）因无钱买车票被拘押，后由于叛徒出卖被捕。丁志平、严英武在狱中受尽严刑拷打，始终坚贞不屈，“拒不吐实”，被以“不思悔过”罪名判刑。和志钧、和志坚也在大革命时期回到云南建立了国共合作的中国国民党云南省省党部（左派）任执行委员和候补执行委员，与中共云南党组织的创始人一道为推动轰轰烈烈的大革命做出了贡献，后受到国民党右派的迫害，辗转回到丽江从事教育工作。

（三十一）矢志不移的共产党人

大革命失败以后，中共云南省党组织遭到破坏，许多党员与党失去了联系，在白色恐怖的形势下，仍有丁志平等革命志士矢志不移、百折不挠地坚持革命斗争。1931 年，丁志平出狱后想方设法寻找党组织未果，便前往江西找红军，在贵州受阻不得已到黔军中当兵。1935 年初，丁志平在贵州安顺经贵州地下党省工委负责人秦天贞、李光庭介绍再次加入共产党，并按省工委指示继续在黔军中做军运工作，准备在中央红军长征过贵州时策应开展武装斗争。1935 年 6 月，丁志平按省工委的指示策动所属部下两个排举行武装起义，打响了中共党组织在贵州武装反抗国民党的第一枪。1935 年，李群杰在中山大学读书时加入党的秘密外围组织“马列主义行动团”，1937 年 5 月在香港加入中国共产党，是纳西族的第一个中共党员。李群杰旋即被中共南方局派回云南，做云南地下党的恢复和重建工作，建立了云南昆明支部，任书记，后来又相继担任中共云南省特别委员会书记、云南省工委书记等职，为中共云南党组织的恢复重建做了大量的工作。

（三十二）红军长征过丽江

1935年10月19日，中央红军粉碎了数十万敌军的围追堵截，历经艰难险阻胜利到达陕北，取得了伟大战略转移的决定性胜利。同年9月，蒋介石调集重兵向湘鄂川黔根据地发动新的“围剿”，形势异常严峻。11月19日，红二、红六军团为争取主动，在贺龙、任弼时、萧克、关向应、王震等率领下，撤出根据地，实施战略转移。

1936年3月，红二、经六军团从贵州进入云南，在云南境内活动40多天，连克滇西10余座县城，引起了国民党中央政府和云南地方政府的极大恐慌，蒋介石亲临昆明，在龙云的陪同下，乘飞机到金沙江沿线的宾川、鹤庆、丽江一线视察，令沿江各县毁坏一切渡河船只和渡江器材，封锁江面，拆毁梓里铁索桥上的木板，调动国民党中央军、滇军共7个纵队138个团另11个营、16个连正规军的兵力，加上地方民团力量，企图利用金沙江天险，围歼红军。红军横扫滇西于4月23日到达鹤庆。4月24日，红二军团在贺龙、任弼时的率领下进入丽江古城。红六军团仍滞留鹤庆，摆出要从南北两翼从丽江的梓里桥渡金沙江的架势。蒋介石急令追剿红军的军队加紧追赶，调动部队往永胜、华坪一线布防，派飞机进行跟踪侦查、轰炸。25日拂晓，红二军团先头部队红4师抵石鼓抢渡过江。4月26日，萧克、王震率红六军团从鹤庆县的西箐经丽江县（今玉龙县）的堂朗坝、白汉场、雄古，到石鼓与红二军团汇合。

从4月25日下午到4月28日下午共四天三夜，红二、红六军团18000余英雄健儿，利用7条木船、20多条筏子在28名船工的昼夜奋力摆渡下，分别从石鼓到巨甸60多公里的木瓜寨、木取独、格子、士可、巨甸5个主要渡口，昼夜不停，神速抢渡。28日，红六军团16师最后在巨甸余化达全部渡江完毕，摆脱了国民党军队的围追堵截。蒋介石妄图利用天险和地方反共势力围歼红军于金沙江边的计划又一次彻底破产。红军长征过丽江，1.8万人马顺利抢渡金沙江，突破天险，赢得长征战略转移中关键性的胜利。

红二、红六军团过丽江的五天四夜，共计行程160多公里，途经丽江的大研镇、七河、金山

（现属古城区辖）、黄山、拉市、九河、石鼓、金庄（现黎明乡）、巨甸（现属玉龙县辖）9个乡镇，110个大小村庄。红军所到之处，开牢释囚、开仓济民，宣传共产党的政治主张和抗日救亡的道理；严明军纪、团结群众，与丽江人民建立了深厚的鱼水之情，在丽江各族人民的心中播下了革命的火种。

当听到红军将从鹤庆分途抵达丽江，国民党政府当局已望风而逃时，丽江民众在纳西族开明人士、前清进士和庚吉（松樵）先生及一些开明绅士的宣传下，打着“欢迎义军”的彩旗，到漾西东元桥夹道欢迎红军的到来。这是红二、红六军团离开湘鄂西根据地以后第一次遇到的动人情景。事情的缘由是和庚吉老先生不相信国民党的诬蔑宣传，说服地方当局，认为“共产党有政治纲领和目的，红军是政党领导的，不会随便杀人放火”，主张欢迎；将红军迎至丽江古城后，又积极组织17台缝纫机、34个师傅，分散在7个地方赶制米袋和衣帽；为红军及时兑换入藏必需的银圆；为红军筹措粮食、红糖和御寒的物资。正是红军的英勇、正义、亲民、爱民、智慧、顽强的形象，赢得丽江各民族人民的钦佩和爱戴，从而给予了红军鼎力的支持和帮助。红二、红六军团1.8万人在丽江筹措了足以通过丽江以北人口稀少、气候恶劣、物质匮乏的藏区，顺利到达甘孜与四方面军会师路途所需的军需，为红军摆脱兵力数十倍于己的敌人的围追堵截，取得长征最后胜利奠定了坚实的物质基础。红军在丽江各族人民的支持下，兵不血刃，顺利渡过金沙江北上。

王玉清、张履公、杨德根等14名各民族青壮年参加了红军；桑乐天、尹学富等贫苦百姓被红军打开牢门重见天日后，心甘情愿为红军带路当向导、扎木筏；从丽江到中甸（今迪庆州香格里拉县）的路途中，共有71名各族群众为红军当向导，28名各民族兄弟为红军摆渡；士可纳西族老船工周长寿为救落水的红军战士，献出了宝贵的生命；太安乡堂郎坝甸心村救助、安葬红军烈士，为祭奠红军伤员烈士，记住红军长征路过的岁月，将村名改为“红麦村”……这些，都是发生在丽江的真实的故事。

正如毛泽东所说，长征是宣言书，长征是宣传队，长征是播种机。红军长征过丽江，在丽江人民心中播下了革命的火种，产生了深刻的影响。坚定的理想信念，坚韧不拔、百折不挠、勇于拼搏、敢于胜利的红军精神为后来共产主义思想在丽江的传播，党组织在丽江的建立、发展、壮大，人民革命武装在丽江的组建、发展、壮大，人民政权在丽江的建立、巩固，乃至丽江的解放，都产生了深刻、重大的影响。

（三十三）抗战中的丽江

中国人民抗日战争从 1931 年 9 月 18 日开始至 1945 年 8 月 15 日胜利结束，整整历经了 14 年。这 14 年，中华各族儿女团结一致，同仇敌忾，做出了巨大的牺牲，最终取得了第一次民族解放战争的胜利。

地处滇西北民族地区的丽江，虽然不是抗战的前线，但在这场持续 14 年的战争中，丽江各族人民在中国共产党的感召和动员组织下，积极行动，奋勇当先，全力支前，团结一心，共赴国难，投入到如火如荼的抗日救亡运动中。面对日本帝国主义的血腥侵略，丽江人民表现出了大无畏的爱国主义精神和牺牲精神，各族人民有钱出钱，有力出力，以各种方式积极支援抗战，奉献自己的绵薄之力。

在抗战中，以爱国主义为核心的民族抗战精神，得到了最充分、最广泛的展现和升华。中共党员广泛发动和组织领导丽江各族人民抗日救亡，对地方实力派、民族资产阶级、地方士绅等，进行了艰苦细致的团结争取工作，在中共党员的带领下，丽江各族民众团结一心，不畏强暴，前仆后继，奏响了共同抵御外侮的战歌。

1937 年，“七七”卢沟桥事变爆发，中华民族到了最危险的边缘，在全国人民奋起抗日的关键时期，丽江人民积极支持抗战。为在必要时补充前线，同时以防外敌入侵，各县成立了义勇壮丁训练队。从 1937 年秋开始，各县组织青年分期集中训练，听候调动。同时，原定的适龄青年从 18—25 岁改为 18—30 岁，实行三丁抽一，五丁抽二的制度，大批青壮年被先后抽调到国民革命军第 60 军、58 军中，奔赴抗日前线。

1938 年 2 月，中共党员李群杰团结丽江籍在昆就职、求学、从军的方国瑜、和志坚、周光宇、李寒谷等有识之士，首先拿起笔杆子做刀枪，在昆明成立了“丽江旅省学会”。当时就有 61 位乡友入会，他们创办《丽江旅省学会会刊》，播导抗战救亡的舆论，提出地方上应兴应革的意见，备家乡人民选择，鼓舞民众爱国的热情。会刊创刊号提出“抗战则生，不抗战则亡”“抗战必胜，日寇必败”的口号，号召全体国民发出最后的吼声，挥出最后的力量，为维护世界和平、正义与祖国的独立、解放、自由、幸福而奋斗！并正确分析了中外形势，有力地批判了亡国论，预测了战争发展趋势，起到了很好的舆论引导作用；同时号召旅省学会会员为抗日救亡运动捐款、捐物。第一次倡议收到了会员捐款 935 元。在旅省学会的推动和促进下，丽江本土内的抗战活动开展得如火如荼。

李群杰发表大量抗日文章，如《欢送 60 军北上抗日》《从抗战二周年来国际情势的演变谈到最后胜利的前途》《肃清抗战阵营中的妥协投降分子》《实行宪政、巩固团结、争取胜利》《论民主共和与抗战前途》《坚持党对统战工作的领导》《在抗日民族统一战线的旗帜下共赴国难》等等，为云南的抗日救亡运动和党组织的发展做出了重大贡献。著名的史学家方国瑜，不顾自己的生命危险，奔赴怒江、保山等抗战前线搜集抗日战争资料，前往惠通桥、松山、龙陵、芒市、遮放、黑山门、畹町、腾冲等战场调查访问，写成《滇西边区考察记》和《抗日战争滇西战事篇》六卷，是国内关于滇西抗战最翔实、最珍贵的资料。

抗战前的丽江，农村生产方式落后，加之封建剥削严重，土地制度不合理，农民生活十分困苦。抗战爆发后，由于战争的需要，青壮年参军参战，在家的老人、妇女、儿童无力耕作，人民生活更加困苦不堪。长达 14 年的抗日战争，丽江人民和全国人民一样，承受了深重的灾难。1934 年，丽江总人口为 328284 人。到了 1946 年，人口急剧下降为 242974 人，减少 85310 人，比 1934 年下降 30%。主要原因就是抗日战争爆发后，参战牺牲、失踪、饥饿、日本施放毒气导致霍乱流行所至。

在各种形式的抗战宣传和各阶层爱国人士的大力鼓动下，丽江不少青年志士踊跃报名参军。据不完全统计，仅 1937 年至 1938 年 9 月，丽江全区共抽调壮丁 38525 名，其中丽江 12530 名，永胜 21900 名，华坪 3645 名，宁蒗 450 名。这些壮丁训练后，被补充到国民党60军、58军中，奔赴前线抗战。总人口仅有13.2万人的丽江县，先后有3000多人参军参战。永胜县有2000多人志愿参军。华坪县的蒋和坤、王怀志、廖明光、唐昌福、芮德贵等人被应征参加中国远征军时，华坪中学师生列队欢送，在城内游行、高呼口号、高唱抗战歌曲，声势浩大，震动了全县城乡。在全面抗战的8年中，丽江区内的抗战将士到前线参战的地区遍布山东、河南、河北、湖南、江西、安徽、陕西、宁夏、甘肃、山西以及滇西、缅甸、印度等地。至1945年抗日战争结束时，丽江县牺牲近1000人，永胜县牺牲500多人。仅有38户人家的古城区祥和办事处祥云居委会庆云村，先后有18名青年参加抗战，战士和文杰在台儿庄战役牺牲后，其弟和文祥前仆后继跟着参军赴滇西抗战，在作战中也身负重伤，至今被乡亲们传为佳话。据南京中国第二历史档案馆资料记载，仅台儿庄一战，为国捐躯的丽江籍官兵有名字记载的就有111人。

在滇西战场，许多丽江儿女在战斗中流血牺牲。云南护路营的纳西族排长李炳仁，在日军占领腾冲后的归化寺战斗中英勇牺牲。出生于永胜县的高玉柱，在任西南边疆宣慰团少将团长期间，负责对西南少数民族上层做宣传动员团结抗战工作。他深入到山区、农村和少数民族之中，和群众同甘苦、共患难，向广大群众和土司头人宣传抗日救国的道理。在高玉柱的积极工作下，各地土司纷纷支援前线，滇西一些土司头人还派出家丁民团不断袭击日军。由于长期劳累，加之生活医疗条件差，年仅 36 岁的高玉柱在金平县染上重疾去世。

1933—1945 年，丽江全区人民共认购“救国基金”“救国公债”“配募公债”“救恤费”等新滇币 404000 元，国币 7026000 元，镍币 7200 元，法币 10000 元。在此期间，国民党又加派丽江、鹤庆两县购买飞机一架，丽江县捐献了半开银圆 75000 元。

1942 年 5 月，云南从大后方变成抗日战争的前沿后，许多部队驻守滇西，部队所需军粮数量浩大。省政府指令向农民以征实、征购、征借的办法，筹集部队粮饷，并令各县运送到指定地点。丽江虽然幅员辽阔，但土地贫瘠，战前粮食产量已难自给，战争期间，各族人民的生活更加困难，即使如此，丽江各族人民还是一次又一次地节衣缩食征交军粮。1939—1945 年，丽江全区共征购军粮、借放积谷、分发赈恤米等 66982900 公斤。最困难的是，丽江地处山区、半山区，全是崇山峻岭，运送军粮的任务十分艰巨，全靠数以千计的民夫人背马驮。运送军粮的路线：丽江县从县内运往剑川，到洱源牛街或沙坪交付，再运送到远征军第一路总监部直属十二分站、第十一集团军特务营、云南供应局等部门；永胜县以县城、三川坝为起点，经河口、期纳、金江渡、片角到宾川坝；华坪县以县城、荣将、新庄为起点，经大姚县弯碧渡，到宾川县平川，再到宾川坝交付。几千余马匹翻山越岭，人背马驮，把军粮全部送到了交付地点，表达了丽江各族人民支持抗战的信心和决心。

1941 年秋，政府下令修建西（昌）祥（云）公路，派永胜民工兴修永胜至宾川一段支线。为了民族的生存、抗日的需要，永胜人民在十分困难的条件下，响应号召，咬紧牙关，在金沙江西岸的答旦河畔，夜以继日地开山劈岭，填河铺路；

有的民工因染病身亡，有的民工因工伤而死。直到1942年4月，日军侵略滇西时才被迫停工。为修这条公路，永胜、华坪两县共动用10万多个工日，公路虽未修成，但体现了丽江各族人民抗日救国的决心。

1942年7月，丽江、永胜两县征购军马1598匹，占全省军马征购数的7.4%。

1942年，抗日战争进入最艰苦的阶段，日军发动缅甸战争，切断了滇缅公路这条同盟国援助中国抗战唯一的陆上国际运输线。在中国政府的呼吁下，美军在中国云南至印度之间开辟了一条新的国际战略空运通道——驼峰航线，这条航线成了当时中国抗战的最后一条国际援华通道。这条航线经过的地区，海拔高，气流强，气压低，气候非常恶劣，运输机随时有撞山的危险。为了加强驼峰航线的导航、救护和加油等工作，有效保障飞行安全，美军在丽江白沙建立了航空导航站，作为昆明、重庆、成都至印度（阿桑）的中转站，陈纳德将军带领的飞虎队常驻这里。这期间，美军的工作得到了丽江人民的大力支持。为了修电台、建军事设施，占用了玉湖、白沙等村农民的1100亩良田，拆毁了民房，切断了水源，但丽江人民为了抗战，无怨无悔。据统计，在1942年至1945年3年多的时间里，在这条航线上共飞越运输机8万架次，空运援华物资80多万吨，有力地支援了中国的抗日战争。但在这条被称为“死亡航线”的通道上，坠毁飞机609架，牺牲或失踪机组人员近2000名，坠机残骸撒落在沿途的深山峡谷间。据一些飞行员回忆：“在阳光灿烂的日子里，飞行员完全可以沿着山谷里延绵不断的金属碎片的反光飞行。”所以有人把这些山谷称为“铝谷”。在坠机事件发生后，丽江各族人民积极救护和关心帮助美军飞行员。1943年大年初一，一架美军飞机坠毁在石鼓格子后山，4名机组人员中有3名降落在三仙姑、木斯主村附近，被当地群众救助，并把他们送到祥云基地。4月，又一架美军飞机坠毁在拉市海西木市山上，5名机组人员也得到了当地群众的救助。12月17日，一架运输机突然在丽江西香格里拉上空失事，飞机坠落到太安木什村附近山林中，5名机组人员跳伞免遭劫难，附近村民见状迅速前往营救，其中3名飞行员被雄古村民救回，2名飞行员被木什村民救回。1944 年 7 月 30 日，又一架美军运输机在七河忠义村后创初山头坠毁，E·R. 格拉斯少校、C·R. 豪威尔上尉、H. 摩根中尉、J. 斯默克中尉、L·E. 肯维亨特科斯奇少尉、J·J. 梅德林少尉、C·H. 奥洛林技术军士、E·E. 施帝菲尔德技术军士 8 名机组人员当即全部遇难。丽江民众和在丽的英国传教士安牧师夫妇连夜赶到距县城 20 公里的坠机现场，按纳西族的风俗习惯将 8 位将士安厝在五台山下，直到 1945 年 8 月，抗日战争胜利结束后，美军才用飞机将 8 位烈士的遗体运回美国。

（三十四）丽江工业合作社

1942 年 5 月，中国工业合作社（简称“工合”）成员顾彼得（俄罗斯人）在丽江创立了“中国工业合作协会上海总会滇黔区丽江合作事务所”。“工合”是 20 世纪 40 年代组建成立的以制造军需、民用物资为主的经济互助抗日救亡组织。至 1949 年顾彼得离开丽江时，先后开办了毛纺、纺织、丝织、皮革、染线，铜匠合作社，犁铧合作社、面条合作社、服装、农产品加工、造纸、瓷器、机器、五金、白族家具合作社，藏族皮匠合作社、铁矿合作社等37个合作社，社员近400人，涉及洗染、陶器、铁器、铜器、羔皮、首饰、石棉、缝纫、粉丝、制革、理发、泥木、食馆、糖果、酱菜、修理、竹编、造纸等24个行业，遍及大研、白沙、白华、金山、黄山、拉市、九河等地。合作社由理事会、监事会、社员组成。理事会进行生产管理，监事会进行生产监督，管理人员由全体社员民主选举产生。建有社章社规，每月或者每季度召开一次社员大会，社员们民主评议每阶段的工作，并提出一些意见及建议。

“工合”在丽江采用入股的形式，实行按劳分配、多劳多得的计件工资制，在分配利润时不仅兼顾到集体和个人，还要兼顾到入股的股份，因此在利润分配上与全国有些差异，“社里所得年利润的40%留作公积金，用于扩大再生产，另一个40%按分红部分逐月分发给社员，剩下的20%留做奖励基金鼓励成绩出众的个人。”这一套民主管理机制，有效地激发了合作社社员的热情。

较有影响力的合作社有：和毅庵主办的同心昌皮鞋合作社、和庆孔主办的黄山街棉毛纺织合作社、张汉昭创主办的龙泉皮革合作社、和国栋主办的龙头山造纸合作社、杨天福等主办的洗染合作社、牛道衡等人主办的帽袜生产合作社、和清等主办的铁农具生产合作社、刘佐廷主办的铜锁合作社、杨世芹主办的木器生产合作社等。丽江“工合”带动了丽江小手工业的发展，并在抗战物资极度匮乏的时期，为支援抗战前线做出了不可磨灭的贡献。

（三十五）永胜“海腰铺事件”

1949 年 2 月，中共永胜县党组织将永胜南区武装 200 多人、50 支枪，编为 1 个大队，3 个中队，1 个政工组和 1 个军需组，大队长彭纪，副大队长季联汉、刘自卫。永胜人民武装公开旗号为“永胜县民众自卫十一大队”，按照中共滇西工委的指示，独立自主，一切行动需请示滇西工委，不另打旗号，不搞暴动，不接受罗瑛的任何命令调遣，注意集中人员枪支，逐步巩固扩大，等待时机。武装队伍成立后，开展了初步军事训练，着重进行政治纪律教育，并向金江警察分局、镇公所及有枪户征借枪支，派政工队员到村寨进行宣传，号召打倒贪官污吏、土豪劣绅和国民党反动派，带领群众开展反对国民党“征兵、征粮、征税”的“反三征”运动，拥护中国共产党等。人民武装在南区一带的活动，引起了国民党地方势力的关注，罗瑛与国民党中统永胜通讯组长陈长策等察觉这支武装有“党团作背景”，怀疑是共产党领导的，遂多次来函调彭纪参加围攻县城的行动，声称“如抗傲不来，即刻派人剿办”。2月10日，在罗瑛再三逼迫的情况下，由三中队留守河口，彭纪率一、二中队及政工人员百余人，以支持围城为名，进军永胜。进军永胜的一、二中队行至途中，为拖延时间，决定夜宿海腰铺。刚到傍晚，王有元、关隆昌兵分三路，将彭部包围。彭部突遭袭击，仓促应战，战士有的阵亡，有的突围，刚刚从剑川赶到的县工委书记王宁及部分政工人员被房东贺尚云藏于草楼才得以脱险。翌日拂晓，王、关部又追至季官村东岳“围剿”留守人员。留守河口的三中队提前得知情况，向冯家山转移。途中，又遭当地民团毛光武部伏击，队伍被打散，阵亡战士4人。此役，90多人被俘，其中50多人经地下党组织及亲友营救，27人被押于河口、清邑、期纳、金江等地惨遭杀害。中共永胜县地下组织的11名党员，就有李佩先、黄开华、史良佑和滇西工委交通员谢海量等 4 人在“海腰铺事件”中遇难，党领导的第一支人民武装被残酷扼杀。

永胜县是滇西工委首先确定的开展武装斗争的县之一，但党组织由于刚建立不久，缺乏在复杂情况下对敌斗争和组织发动群众的经验，对罗瑛的政治面目也不甚了解，除了向滇西工委报告情况外，也未采取任何对策措施。对罗瑛在永胜貌似“进步”“革命”的活动不但未加防范，对有的民青成员追随其后也听之任之，以致罗瑛等人欺骗蒙蔽了一大批追求进步的青年。滇西工委通过与省工委联系以及其他渠道，对罗瑛的政治面目有所了解，但仅知道其与我党无任何联系，而对其残酷的反动性、欺骗性、复杂性和反动力量估计不足，缺乏有力的工作指导和对策。永胜县的党组织内部思想认识未能统一，甚至对罗瑛抱有政治幻想，加上情报闭塞不畅，决策举棋不定，不但没有转移回避，反而以参加围城为名向县城方向行进，在海腰铺遭陈长策等罗瑛部属部袭击，酿成了 32 人先后遇难，90 余人被俘，队伍被打散的重大损失。海腰铺事件是罗瑛等人有计划、有预谋地镇压人民革命、屠杀共产党人、革命群众的反革命事件，也是滇西工委开展活动以来遭受的第一次重大挫折。

海腰铺事件发生后，永胜县的形势急转直下，各色投机地霸武装集中在罗瑛旗下，罗瑛与国民党政府丽江专员史华电令周边邻县四处张贴布告，缉拿永胜县的中共党员和骨干，白色恐怖笼罩全县，党组织活动的条件险恶。大部分暴露身份的党员和民青成员被迫转移到剑川、鹤庆、丽江，永胜县党的活动一度陷入中断。

（三十六）华坪“3·16”武装暴动

华坪县是丽江地区（市）最靠东部的县，与西康省（今属四川省）接壤，也是一个民族杂居的山区县，以汉族居多。这里虽地处偏僻，但新文化、新思想传播较早。大革命时期就有陶育晶、严英武、严英俊、陈永贵、丁志平、李介民等人参加中国共产党。大革命失败后，仍有丁志平等革命志士矢志不移、百折不挠地坚持革命斗争。1946 年，与党失去联系的早期党员丁志平、严英武、陈永贵等人在华坪县秘密组织了“知行读书会”，在教师、学生、贫民、士兵中吸收进步青年入会，组织学习《通俗资本论》《目前形势和我们的任务》《新华日报》和《民主周刊》等革命书刊，宣讲革命理论，启发会员的革命觉悟。1947年8月，丁志平、严英武、陈永贵等人将“知行读书会”改为“知行学社”，丁志平任社长。10多名骨干举行了入会宣誓。后又将“知行学社”改名为“新民主主义同志会”，会员发展到70多人。1948年冬，全国解放战争进入了战略决战阶段，中共云南地下党领导的武装斗争也普遍开展起来，丁志平等人估量了几年来积蓄的革命力量，认为开展武装斗争举行武装暴动的时机已经到来。为了取得党组织的直接领导，丁志平亲自带人到昆明寻找党组织，但历时1个多月都未能与云南地下党取得联系。1949年初，丁志平从昆明回到华坪后，与严英武、陈永贵、和视远等共同分析了形势，决定举行武装暴动。1949年3月16日，丁志平、严英武、陈永贵等早期党员领导的华坪革命武装暴动取得成功。丁志平等人领导的武装有明确的政治纲领，严格按八路军、新四军的传统、作风和纪律约束部队，在盐边、永仁、大姚、元谋等地攻打国民党政府驻军屯垦团和保安团。暴动队伍最盛时发展到六七千人，号称上万余众，有极大的声势，牵制了国民党政府在滇西的军队，为滇西工委在滇西开展武装斗争，发展革命力量创造了有利条件。由于没有党组织的直接领导，斗争几经受挫，陈永贵也被国民党“华永剿共司令”杨震寰俘获后杀害。丁志平在盐边棉花地被盐边土司诸葛世槐部劫持，经盐边地下党赵光洁等人营救得以脱险。丁志平回到华坪后又收整失散的部队，重整旗鼓，组建了四五百人的武装。当得知滇西北有中共党组织，丽江已经解放，立即派和视远动身到丽江与党组织联系，因而并率队伍向滇西北解放区靠拢。1949 年 9 月 13 日，队伍在永胜县河口与中共滇西工委领导的滇西北人民自卫军第三支队三大队相遇。丁志平等人历经坎坷，终于找到了党组织。

由于丁志平、严英武、陈永贵等早期党员在华坪没有与党组织取得联系，没有建立党的组织。

（三十七）丽江“五一”大游行

1949 年，剑川“四二”暴动的成功，极大促进了丽江县的群众运动，中共丽江县工委趁势开展“红五月”群众运动，丽江县农民运动在党组织的领导下得到了健康迅猛的发展。党组织和民青组织在各地农村进行了卓有成效的工作。针对农村中帮会林立的状况，对不同帮会采取团结争取、分化瓦解、孤立打击的不同策略。对以工商业者和贫苦农民为主的雪山社采取团结争取的策略；对以红帮哥老会和地方绅士为主的文峰社采取分化瓦解、孤立其首的策略；对以地痞流氓等地方恶势力为主的崇新社采取瓦解、孤立、打击的策略。在广大农村以农抗会为基础，充分发挥妇女会等党领导的其他群众团体组织的作用，抵制和分化瓦解其他帮会的势力。发展进步势力、争取中间势力、孤立和打击反动势力成为党团组织、农抗会、妇女会工作的重点。“孤立”一词成为农村中谈论最多，同时也是大忌讳的话语。一些还在观望的人，听说自己原先参加的帮会被“孤立”，或将被“孤立”，便惶惶不安，想方设法尽快宣布脱离。由于农抗会的领导人和骨干都是中共党员和民青成员，真心实意为广大农民谋利益，宣传开展的“反三征”斗争和号召起来革命、闹翻身、求解放，顺应了广大农民的要求，因而在广大农民中的威望高，赢得了信任。农民群众在加入农抗会时宣布脱离原来加入的帮会组织，迅速改变了农村帮会林立的状况，使农抗会成为农村中人数最多、联系群众最广泛的群众团体组织。在永胜罗瑛武装企图进占丽江的严峻关头，中共丽江县工委组织动员的反罗瑛斗争又增强了农抗会的凝聚力和号召力。按照中共滇西工委、中共丽江县工委的决策，各地农村的农抗会在组织动员农民群众方面发挥了极大的作用。5月1日，来自文瑞、开南、白沙、刺是（拉市）等地的农民手持大刀、斧头、镰刀，肩扛火枪、长矛等器械，由四面八方向大研镇聚集，会同各中学学生，在省立丽江中学球场召开有15000余人参加的群众大会，会后举行反对罗瑛反动武装企图窜扰丽江的示威大游行。游行队伍组织有序，步履雄健，高唱《团结就是力量》《我们的队伍越打越强大》等革命歌曲，高喊“打倒罗瑛！打倒蒋介石！”等口号，沿街散发纳西语和汉语对照的《丽江各界联合纪念“五·一”“五·四”大会宣言》《罗瑛是个什么样的人》等传单。丽江“五·一”万人示威游行，在滇西北产生了重大影响，震慑了觊觎丽江的罗瑛反动武装，显示了在中国共产党领导下组织起来的人民的力量，有力地推动和促成了地方实力派靠拢人民、靠拢中共党组织的决心。

丽江“五一”万人示威游行后，丽江的局势发生了根本的逆转。5 月 13 日的城乡团结大会，进一步推动了农民运动的蓬勃发展。5、6 月间，中共丽江县工委抓住地方实力派支持的时机，组织党员、民青成员、农抗会员组建了完全受党组织领导的丽江联防第一大队、丽江常备队第三中队，以和平方式对丽江常备队第一、第二中队实行“枪换肩”。中共金江特区委组织民青成员和农抗会员夺取了石鼓、鲁桥两乡的政权，建立了人民自卫队和乡级临时政务委员会。九河区的党组织也组织民青成员和农抗会员夺取了九河乡公所的武器，组建九河区人民自卫大队。农抗会在农村中的决定作用的确立，各地武装的迅速建立，使党组织完全掌控了丽江的局势，为丽江县的解放奠定了坚实的基础。

（三十八）习自诚先生起义

1949 年 7 月 1 日，中共丽江县委召开群众大会，宣布丽江和平解放。丽江县是国民党政府丽江专署所在地，丽江县能够早于云南起义近半年宣布解放，与团结争取开明的纳西族上层人士、原国民党政府丽江专员习自诚先生分不开，这是推进丽江和平解放进程的重要因素，也是习自诚先生顺应历史潮流的功绩。

习自诚先生在云南陆军讲武堂毕业后参加辛亥革命云南“重九”起义。1912 年，随唐继尧伐贵州，后参加护国军入四川作战，返滇后兼任中甸、维西、阿敦子（德钦）三属筹防指挥官。1923 年，任团长兼滇西八属剿匪区总指挥，建国联军第三路军指挥官。1930 年，回丽江主办团务，训练壮丁，培植亲信，添购枪械，扩建地方武装，参与地方政务，逐步将军政大权掌握在手中。习自诚的父亲是清末举人，岳父周冠南是纳西族留日学者、同盟会会员。亲家和志坚（字万松）早年毕业于北京法政大学，与其兄和志钧一道在 1927 年 3 月曾任中国国民党云南省省党部（左派）执行委员和侯补执行委员，在大革命时期就与中共合作共事，与中共云南党组织的创始人一道为推动轰轰烈烈的大革命做出了贡献，后受到国民党右派的迫害，辗转回到丽江从事教育工作，先后任省立丽江中学、大理中学、昆华中学校长和宜良县县长等职。由于习自诚个人特殊身世和经历，富裕的家庭加之他与丽江和氏三兄弟、周霖、周樊、曾国才等名门望族的姻亲关系，使其成为丽江地区最大的地方实力派、纳西族上层的代表人物。1934 年后，任丽江县参议长，数任县长被他弹劾罢官。1948 年后，任丽江县长、丽江专员。中共丽江地下组织认为，做好习自诚的统战工作，尽可能把他争取团结过来并起义投诚，是实现丽江解放的关键所在。于是，丽江地下党组织从 1948 年末开始，通过各种渠道加强对习自诚的统战工作，争取习自诚起义。

首先疏通关系，了解态度，施加影响。1948 年冬，中共丽江县工委认真执行滇西工委的指示，对丽江的社会状况作了深入的调查研究。在丽江最有影响力的习自诚，对时局变化比较关注，有顺应时局发展的心态。他经常对亲朋好友流露出国民党腐败无能、共产党最终会取得胜利的想法，但又心存幻想中国是否会再次出现南北朝的局面，尤其怀疑共产党在丽江的实力，认为在丽江搞革命的只是几个“土共”而已，尚未形成气候。他在当政的10余年中，常常从维护本地、本民族的利益出发，做一些有益于民众的事，同时还做了一些有利于革命的事。比如1946年他保护过因在云南大学搞学生运动而遭追捕、转移到丽江的革命者孙致和。县工委调查后分析认为，习自诚虽为丽江专员兼县长，但不是国民党嫡系，长期受排挤打击，其对国民党已基本丧失信心。因此，决定切实开展党的统一战线工作，争取丽江的地方实力派，重点对象是争取习自诚起义，这一决定得到了滇西工委的批准。

丽江县工委先从习自诚的社会关系入手，疏通同他的关系，了解掌握习自诚的思想动向及其对时局的态度。通过丽江中学的共产党员、民青成员加强对其儿子习家麟的工作来影响其转变与进步，1949年5月，习自诚的儿子习家麟加入“民青”。为了更直接地做习自诚的转变工作，县工委派习自诚亲家和志坚的学生、同乡和同事，在丽江县中学任教的李汝纲，通过和志坚的渠道，进一步掌握了习自诚的政治态度和他对时局看法。

张冲是习自诚在滇军当营长时的长官。1946年，习自诚听到张冲在延安发表广播讲话时，甚为激动，曾向和志坚流露了想与共产党取得联系的想法。和志坚便与其交流了和杨尚志接触的情形，并认为杨尚志大概就是共产党员。习自诚便请和志坚与杨尚志沟通，想与丽江的共产党地下组织取得联系。因此当县工委通过和志坚开始做习自诚的统战工作时，和志坚向杨尚志转达了习自诚的想法。

其次开始正面接触、直接交谈。中共丽江县工委一方面通过和志坚这条渠道，向习自诚传达党的统战政策和转达县工委的意见，继续做习自诚的工作；另一方面派人直接与习自诚交谈，耐心细致地做思想工作，直接与他正面接触。1949年2月，在昆明任教的纳西族地下党员和万宝受省工委派遣回丽江工作，担任县工委副书记，负责群众运动和统战工作。和万宝在1947年就曾以师院罗镛教授要来丽江考察研究宗教问题为由，在习自诚的女婿、大华松香厂经理和集柑的引见下，见过习自诚。1948年又以罗镛有事不能来丽为由，仍由和集柑引见，向习自诚表示歉意，习自诚请和万宝一起用餐，以示还礼。和万宝回丽江后，丽江县工委按照省工委和滇西工委指示，一面放手发动群众，壮大革命力量，发展党组织，一面由和万宝继续做习自诚的工作。和万宝仍请和集柑提供方便，去做习自诚的工作。和集柑早年在昆明读书时，思想倾向进步，经常发表民主言论，人称“和民主”。他非常支持和万宝直接找习自诚交谈，做习自诚的工作，因此让和万宝食宿在大华松香厂。

在和集柑的引见下，和万宝以中共代表的身份，在大研镇文治街习自诚私宅南楼，开门见山、推心置腹地与习自诚进行了交谈。和万宝谈了自己如何走上信仰共产主义道路的经过，使习自诚大出意料。他原以为共产党员只不过是些外面来的“卖假药的货郎担”之辈，没料到亲眼所见的第一个共产党员是本民族的，而且如此有胆识。此后，丽江县工委每周商议一至二次争取习自诚的工作，并由和万宝保持与习的联系。针对习自诚的思想变化，耐心地向他宣传全国革命胜利的形势，宣传党的政治纲领和各项政策，促使其弃暗投明。

革命力量迅速壮大，促使习自诚坚定立场，率部起义。1949 年 4 月，以剑川“四・二”暴动为标志，丽江革命力量得到迅猛发展。习自诚密切关注滇西北形势的发展，暗中派人探查共产党在滇西北的实力，提出要共产党方面派高级别的代表来丽江和他谈判。中共滇西工委派张贡新以中共滇西工委代表的身份与习自诚谈判，向习自诚说明剑川“四·二”起义是由地下党领导的。此后，中共滇西工委书记黄平与习自诚进行过一次谈话，明确向习自诚表示共产党绝对保证国民党起义人员的生命财产安全。习自诚通过与共产党代表交谈和他派去剑川的密探的了解，基本上对共产党在滇西北的力量有了大概的了解，逐渐打消了心中的疑虑。

1949年4月下旬至5月初，滇西北形势发展变化较快。正当永胜地霸投机武装罗瑛扶持丽江专员史华为“民联军”总司令进逼丽江，千方百计拉拢丽江地方实力派，处于共产党、罗瑛两方势力之间的习自诚疑虑重重、举棋不定的时候，中共丽江县工委召开紧急会议，根据中共滇西工委指示精神，发动“五一”大游行。5月1日清晨，习自诚和他的政警队长赵汝贤，在炮楼里用望远镜目睹了在丽江历史上前所未有的万人游行示威场面，深感革命力量的强大，思想发生了质的转变。同月初，他同意县工委武装工农群众的要求，拿出步枪30支，子弹数百发，由县工委分发给开南、文瑞、剌是（拉市）等地的武装斗争小组。他还出粮、出饷，由县工委派共产党员、民青成员和农抗会员共141人，重建县政府常备第三中队；并同意县工委派共产党员、民青成员进入常备第一、二中队。在对待罗瑛和史华的问题上，习自诚采纳中共丽江县工委的主张，把3个社团编为临时联防大队，与地方武装共同保卫丽江。5月12日，罗瑛在鹤庆被丽江军民击退，史华又回到丽江。中共丽江县工委决定驱走史华，委派杨超然、和立言、李烈三等人率领100多名革命群众，包围专员公署，高呼“打倒史华！”“史华滚出去！”等口号，习自诚、和志坚赶到现场，顺势威逼史华离开丽江。之后，卢汉任命习自诚为丽江专员兼丽江县县长。

1949年6月28日上午，中共滇西工委书记黄平与习自诚进行和平解放丽江的谈判。黄平要求习自诚无条件和平交权，起义投诚，向习自诚提出3个方案：一是建立两面政权，表面上由习自诚应付卢汉，实际上由共产党执政；二是举行起义，通电全国；三是交出其全部军权、政权、枪械，习自诚隐退休养。黄平向习自诚宣传中共有关起义投诚方面的政策，向其保证起义人员及其家属的安全，还同意吸收习自诚的大儿子参加革命队伍。当晚8时许，和万宝又前往习家与习自诚交谈了两个多小时。随后，习自诚决定起义，和平交出全部军权、政权、武器，解职隐退。29日，习自诚发表《告各界同胞书》，宣布“自1949年6月30日止，将蒋介石政府系统下之县行政权即日解除，还政于民”。1949年7月1日，中共丽江县工委召开群众大会，宣布丽江和平解放。7月31日，习自诚将其经营的牛场、纸厂、果园等家产捐给人民政权机构。

（三十九）团结争取彝族上层人士余海清

小凉山彝族区位于华坪、永胜、宁蒗三县（设治局）之间，由于历史原因，在19世纪中叶仍保存完整的奴隶制社会，小凉山彝族区民间拥有彝族家支武装，国民党统治的实际控制也相对较为薄弱。争取民族上层以达到对彝族区乃至周边地区的实际管控，是国共双方都在努力的方略。

中共云南省工委、滇西工委根据实情做出“最低限度也要争取凉山保持中立；争取在武器物资上对我方有所支援；工作如开展得好，建立部分武装配合作战”等指示，借助彝族头人余海清与云南省政府主席龙云之间的关系，先后派王钧、孙志歧、胡丹、王宁等人到凉山开展工作，利用他们与龙云有密切关系作条件，取得余海清信任，对余海清等人开展统战工作。同年，中共昆明市委根据省工委指示，3 次派王钧、孙志歧、胡丹、周怀慈、王宁到凉山开展工作。5 月，中共昆明市委派胡丹以龙云的名义，带着厚礼前往小凉山，对余海清开展统战工作，以“家庭教师”和“张医官”的身份作掩护，向余海清宣传革命道理和时事政治。通过胡丹的工作，余海清的思想有了明显进步，胡丹也逐渐赢得余海清的信任。余海清同意联合彝族头人共同反蒋，支持革命。同年 11 月，国民党永胜县长刘子勋探知有人在余海清家开展革命活动，几次下令余海清把人交出来，并派保安团营长阎元鼎带领一连人马到余家搜查。余海清将胡丹化装成彝人，隐藏在余家后山森林中，将与胡丹一同上凉山工作的王宁、孙志歧藏在其大儿子余正龙家。在余海清家站住脚的胡丹通过余海清联络彝族上层，培养积极分子，后来在小凉山解放斗争中做出贡献的刘云龙、林常在等就是这时通过教育转化培养起来的干部。

1949年2月，永胜发生罗瑛事件，罗瑛以“中国民主联军滇西总司令部”的名义任命余海清为彝务大队长，并经常给他送文件，派人与其联系，妄图拉拢余海清。余海清在形势不明的情形下，保持中立，未接受罗瑛的要求与邀请。同年9月5日，中共滇西工委在永胜组建滇西北人民自卫军华、永、宁彝务指挥部，指挥部下编6个大队，共900余人，余海清任总指挥，胡丹任政委，余国栋任副总指挥，余正国、胡巴脚、余子龙、余子良、阿鲁克哈任大队长。滇西北人民自卫军三支队司令员杨尚志受人民自卫军指挥部委托将彝务指挥部军旗、关防、委派令授予余海清等人，并按彝族习俗进行“钻牛皮”结盟，在小凉山第一次建立由共产党领导的彝族人民武装。彝务指挥部建立后，配合滇西北人民自卫军第三支队歼灭永胜地霸武装，为实现永胜全境的解放做出了不可磨灭的贡献。此外，余中南率领彝族武装200余人，在永胜开展武装斗争，后余中南与三支队取得联系，被编为人民自卫军第三支队直属大队，参加永胜解放斗争。西川彝族头人章思孝率领彝族武装30多人活动在五郎河一带，曾配合中共游击队，消灭永胜地霸武装，后编为凉山西川游击中队。彝务指挥部成立后，以余海清为代表的彝族上层以及所属武装完全接受了中共党组织的领导，在人民解放战争中做出了自己的贡献。

10月6日，中共永胜县委调集人民自卫大队各中队及余海清、余国栋、余中南等武装800余人，驻扎在永胜县城北门外灵源大河北岸，与国民党华永剿匪司令部谭伟才部对峙，战斗10余天，有力地打击了国民党地霸武装。是年12月底，滇西北剿匪指挥总部和万宝率滇桂黔边纵第七支队34团一部再次进军永胜，余海清、余中南率领的两支彝族队伍奉命编入34团，并随34团参加解放永胜、华坪战斗及西昌战役。

1950年1月16日，永胜解放后，建立凉山彝务办事处，胡丹任主任，余海清任副主任，隶属永胜县。

（四十）团结争取摩梭上层人士阿少云

在19世纪中叶，永宁、蒗蕖（永宁设治区）是纳西族摩梭人土司统治区，宁蒗是永宁和蒗蕖的合称。在开展对小凉山彝族头人的统战工作的同时，中共党组织也十分重视永宁摩梭人地区的民族统战工作。1949年7月，中共丽江中心县委派民青成员赵净修到永宁开展团结争取土司总管阿少云的工作，并带去原国民党丽江专员习自诚受党组织委托写给阿少云的规劝信和中国人民解放军颁布的《约法八章》。8月中旬，在争取阿少云的工作取得一定进展的基础上，中共丽江中心县委又派杨际春（纳西族、中共党员）、黄忠杰（纳西族、民青成员）等到永宁开展统战工作。在团结阿少云等上层的同时，发动纳哈瓦村群众，组建工商联合会、妇女联合会、少先队等革命群众组织。11月下旬，中共滇西北地委又派易少白、董少舒等到永宁做统战工作。与民族上层协商宁蒗和平解放的问题。经过充分酝酿和协商，最后取得和平解放宁蒗的一致意见，并开始筹建临时政务委员会。在中共开展对阿少云团结争取工作的同时，国民党和地方反动势力也在做阿少云的工作。1949年秋，国民党西昌行辕主任兼警备司令贺国光和胡宗南部军长田仲田多次派人到永宁做阿少云的工作，贺国光委任阿少云为“边防司令”，田仲田委任他为“川滇黔反共救国军”第三师师长；中甸藏族首领汪学鼎也派人到永宁拉拢阿少云，提出“共同联合起来，反对共产党”。在双方争夺的关键时刻，党组织加大统战工作的力度，促使阿少云毅然拒绝了贺、田、汪的委任和邀约，坚持靠拢共产党，接受党的领导。宁蒗实现和平解放。

（四十一）粉碎国民党军的南北夹击大“围剿”

1949年9月6日，卢汉赴渝，蒋介石以扩大军权，增加经费笼络卢汉，准许卢汉将地方部队扩编为74、93两个军，卢汉随即做出控制滇缅公路，保住西窜外逃通道的计划，调集15个团的主力向罗盘、开广、弥泸地区进攻；调集9个团的兵力向滇西北地区进攻。滇西剿匪指挥余建勋遵卢汉旨意部署2个保安团固守永平、保山一线；5个保安团负责驻剿，再以6个保安团的兵力从南向北进攻，分3路夹击。西路由保山进云龙，占乔后，出沙溪，抵剑川。东路进鹤庆北衙、松桂，占鹤庆、袭丽江；中路经邓川、占洱源，直指剑川；同时命令中甸汪学鼎纠集当地反动武装由北向南，任命华坪何觉民为“华永联防剿匪司令部”司令，杨振寰、谭伟才为副司令，给予乙种师编制，下辖一、二、三路指挥，共13个大队。纠集反动武装由东向西，配合保安团剿灭滇西北“土共”于鹤、丽、剑境内，对滇西北革命根据地进行“南北夹击”的大“围剿”，欲将中国人民解放军滇桂黔边纵队第七支队“压迫于金沙江西岸而歼之”。

按照中共滇西北地委全力阻击从北面来犯的汪学鼎部反动武装，务必把敌人钳制在金沙江沿岸，以利抗击主要之敌的部署，丽江各地的党组织全力组织动员群众和各方面的力量开展了反“围剿”斗争。疏散学校学生，政府机关做好撤出城镇的准备，发动群众坚壁清野，支援部队。为抗击从北面夹击滇西北解放区的中甸汪学鼎部反动土司武装，中共丽江中心县委和县人民政府把各区乡民众自卫队改为游击队、直联大队开赴金沙江沿岸防守，与沿江的红岩民众自卫队合编为云岭游击大队，阻击北面来犯的汪学鼎部反动武装。11 月 17 日，国民党政府军陇生文部从鹤庆北上入侵丽江县境，中共丽江中心县委组织县委政府工作人员和调集开南、文瑞、拉市、七河等区的游击队组成丽江突击营，撤出县城与之周旋。18 日，入侵丽江的陇生文部忽接入侵兰坪、剑川的其他部队遭边纵部队打击和被围报告，19 日陇生文率部急返鹤庆，西出剑川驰援。这时，北面来犯的汪学鼎部在云岭游击队的节节阻击下，虽被迟滞了进犯速度，但终因兵力悬殊，未遇到有力打击，气焰十分嚣张，他们沿路烧毁民房，所过村庄被洗劫一空。中共丽江中心县委突击营到石鼓增援时，汪学鼎部已进逼石鼓，情况十分危急。当南面入侵的国民党政府军兵败撤去后，中共滇西北地委、边纵七支队司令部立即抽调部队星夜驰援石鼓。12 月 6 日，边纵部队和丽江人民武装在石鼓与汪学鼎部激战，给汪学鼎部以沉重打击，重创气焰嚣张的汪学鼎部。随后又在桥头、奉科、宝山、鸣音几次战斗中，重创汪部的其他窜扰丽江北部解放区的土司武装，迫使汪部逃回中甸。丽江军民在中共滇西北地委、丽江中心县委的领导下，与边纵部队一道，赢得了反围剿的胜利。在反围剿斗争中，丽江军民为了整个滇西北解放区反围剿斗争的大局，做出了牺牲和重大贡献。

（四十二）1950 年 2 月 22 日丽江全境解放

1949 年 12 月上旬，人民解放军推进到大西南，国民党云南省政府主席卢汉率部起义，蒋介石固守大西南的阴谋破产，但盘踞在西康省西昌的胡宗南、贺国光残部却在川滇边缘的大小凉山地区负隅顽抗，企图西窜逃往缅甸，华永联防剿匪司令杨振寰、副司令谭伟才以胡、贺为靠山，继续坚持反动立场，与人民为敌，围攻永胜西山游击队。

为解决永胜问题，中共滇西北地委决定迅速进军永胜。12 月 25 日，滇西北剿匪总部指挥和万宝率领第 34 团团部及 1 营 1 连进入永胜。和万宝在梓里村紧急召开永胜县工委扩大会议，决定彻底清剿永胜残敌；任命第 34 团政委和作善兼永胜县委书记，丁庶任县长，谭经元、李朋三任副县长；将永胜县人民自卫大队 600 余干部、战士编为第七支队 34 团第 2 营及团直属机炮连；做出大力发展党员，加强组织建设，消灭反动武装，解放永胜的军事部署。

30 日，永胜县地霸武装王有元部遭到第 34 团的沉重打击后退守金官。第 34 团将其团团包围，展开政治攻势，瓦解敌军，劝王有元投降，接受收编。王见大势已去，愿意缴械投降，接受改编。之后，踞守永胜县城的华永剿匪副司令谭伟才也在强有力的军事打击下，缴械投降；盘踞在南区的关隆昌等得知王有元、谭伟才投降后，不击自溃，也接受改编，永胜第二次解放。至此，盘踞永胜号称“八大司令”的 2 万余人杂牌武装全部被歼灭。

1950 年 1 月 16 日，各区代表及永北区群众在永胜小教场集会，庆祝永胜全境解放。

在宁蒗，党组织在积极做好凉山彝族上层人士统战工作的同时，1949 年 7 月，中共丽江中心县委派民青成员赵净修到永宁开展团结争取土司总管阿少云的工作。8 月中旬，争取阿少云的工作取得初步进展，中共丽江中心县委又派中共党员杨际春、民青成员黄忠杰等到永宁继续开展统战工作。

11月下旬，滇西北地委派起义人员易少白、共产党员董绍舒等人再次进入永宁工作。滇西北地委指示：此去永宁，一是团结阿少云，实现宁蒗和平解放，筹建队伍，必要时拉出去作战；二是实现和平解放宁蒗，以防像汪学鼎那样进攻丽江，同时还带去和万宝写给阿少云的亲笔信。信是以滇西北行政公署特派员和滇西工委的名誉写的，大意：一是向阿少云宣传国内外形势，说明全国解放的大局已定，卢汉将军起义，教育他积极靠拢党和政府；二是动员他的部下及其土司头人听共产党的话，共同维护好社会秩序，就地听候我们的接管整编；最后指出，如果与党对抗就难免要受到党和人民的严惩。按照上级指示，易少白等人与阿少云土司进行了认真的谈判，向他宣传并解释党的政策。在党的方针政策感召下，以及前几次的工作基础，阿少云完全同意党提出的和平解放宁蒗的各项政策主张。

1950年1月12日，正式成立了宁蒗县临时政务委员会，阿少云任政务委员会主席，阿少符为副主席，易少白为临时副主席。政务委员会的成立，接管了旧设治局一切权力，结束了国民党势力在宁蒗地区的统治。21日，在开基桥召开庆祝政务委员会成立大会，宣布宁蒗和平解放。

宁蒗、永胜的解放，给企图建立滇西反共基地的国民党将领胡宗南、贺国光以沉重的打击，引起了诸葛世槐和杨振寰的极度恐慌。胡宗南、贺国光不甘心失败，又委任诸葛世槐为“川康滇反共救国军第四纵队”司令，空投机枪200挺，步枪2000余支，黄金450两，命其与华坪、永胜反革命武装汇合，建立反共基地，攻占丽江、剑川，进入怒江地区，为困踞西昌的胡宗南、贺国光打通逃往缅甸之路。

2月4日，在诸葛世槐唆使下，杨振寰向驻守永胜的中国人民解放军滇桂黔边纵第七支队34团狂妄地发出“缴枪投降”的通牒，带领300余人的武装进犯永胜，屯兵永胜城东2公里的谭家坪，挑动已被滇西北剿匪指挥总部收编的关隆昌、王有元反水，里应外合，吃掉第34团，阻挡边纵第七支队进入华坪，重新建立所谓的“华永反共基地”。

边纵第七支队副司令员杨尚志奉命带领第35团2营、3营，星夜赶往永胜，会同先期到达的滇西北剿匪总部指挥和万宝率领的第34团，趁杨振寰反动武装立足未稳之机，部署两个团的兵力，将杨振寰部包围在谭家坪，于2月6日发起总攻，打死打伤杨部数十人。下午，和万宝派人与杨振寰谈判，争取他放下武器，但杨认为有强硬靠山，拒绝投降，并于当日深夜带着残部从第34团、35团结合部防守的薄弱地带，一条隐蔽的山沟逃回华坪七连乡。

和万宝立即指示华坪人民自卫队开赴七连乡，配合边纵第七支队第34、35团围歼杨振寰反动武装。

2月7日，杨尚志、和万宝根据滇桂黔边纵7支队司令部“消灭华永顽匪，进剿诸葛世槐”的指示，带领第34、35团从永胜兵分3路追剿残敌。一路由仁里经马保田、岔膜等处向黑塘进攻；一路越过他留河、野鸭塘一带向黑塘进剿；一路由六德渡过马过河等处打通鱼鼻叉丫口向黑塘挺进。部队不分昼夜追击，于2月8日早上追抵七连乡，会师于瓦腊坪，把杨振寰残部200余人压到瓦谷。随后，指挥部又兵分三路围攻瓦谷，东路从腊左、腊么两处迂回到丁王二村，向侧背攻击；西路从白草梁子等处正面攻击；中路左翼从黑塘，右翼从田心直接进攻瓦谷；华坪人民自卫队在黄世林的带领下奉命协同作战，阻断杨振寰的退路。2 月 15 日，各路进抵瓦谷附近。16 日拂晓，第 34、35 团聚集 4 个营的优势兵力，包抄合围，向杨振寰残部发起总攻，杨振寰右臂被打断，带着家属及残部逃走。第 34、35 团在瓦谷、白草梁子一带搜寻了 3 天，未见踪影，又过了两天，杨振寰的妻子前来投诚，才知杨振寰因伤口恶化死于大公山岩洞内。副司令员杨暹年逃至踏地坪，被第 34 团击溃后率残部 30 余人逃窜到了丁王村豺狗坪，被华坪人民自卫队堵截，走投无路之际，携带大卡宾枪及机枪 1 挺，步枪 20 余支投诚。这一仗，历时 15 天，全歼了杨振寰部 300 余人。

第 34、35 团全歼杨振寰部，震动了整个华坪县，华坪县县长陈正到七连乡向人民武装投降。至此，华坪县境内打着各种旗号的反动武装全部消灭。2 月 22 日，华坪人民在先期派回的地下工作人员领导下，热烈欢迎杨尚志、和万宝率边纵第 7 支队 34、35 团部分队伍进驻县城，华坪宣告解放。25 日，华坪县各族人民热烈庆祝县人民政府成立。

至此，丽江各族人民在中国共产党的领导下，经过长期的斗争，终于迎来了丽江全境（现今的丽江市全境）的解放。50 多年后，中共丽江地委将 1950 年 2 月 22 日确定为丽江解放纪念日。

（四十三）丽江“缓冲区土改政策”的探索与实践

1950 年 6 月，中央人民政府颁布《中华人民共和国土地改革法》，1950 年冬至 1953 年春，在党中央的领导下，完成了新解放区的土地改革。云南省解放较晚，土地改革开始时间较全国多数解放区晚了 1 年左右。云南省由于民族众多且各民族社会发育程度差异较大等方面的原因，土地占有和阶级关系十分复杂，中共云南省委从实际出发，分类指导，采取不同方式胜利完成了土地改革。

1950 年 7 月云南省第一届农民代表大会提出在全省开展清匪反霸、减租退押运动，为土地改革做准备。1950 年冬至 1952 年春，在全省 85 个县开展了清匪反霸、减租退押运动，充分组织和发动群众，并初步建立了农代会、农民协会民兵组织，整顿了乡村政权，为土地改革创造了条件。

1951年8月21日至9月13日，云南省委举行干部扩大会议，总结减租退押经验，讨论部署全省的土地改革。会议决定，土地改革在全省分类别分批次展开，首先在内地的坝区和山区土地改革，并制定了计划。根据会议精神，从1951年秋季开始土地改革试点，1952年首先在减租退押后的全省内地农村进行土地改革。中共丽江地委在总结减租退押经验时，依据丽江专区情况，提出了在边疆民族地区和与藏彝民族地区相接壤的地区应采取不同于内地的方针政策，进行土改的意见。

丽江地区在1950年全区共辖丽江、鹤庆、剑川、永胜、华坪、宁蒗、中甸、维西、德钦、兰坪、泸水、碧江、福贡、贡山等14个县以及凉山、奔子栏两个县级办事处。既有内地，也有边疆，既有坝区，也有山区；既有与内地相近的民族地区，也有与内地差异很大的民族地区；有进行了减租退押的地区，也有主要贯彻“慎重稳进”和“团结生产进步”方针，在政策上要从宽、在时间上要从长，并提出“反左不反右”

“讲团结不讲斗争”的口号的边疆民族地区和藏彝民族地区，同时还有与这些地区相接壤的多民族区。1951年内地坝区进行减租退押时，有的接壤农村自发进行减租退押，以致对边疆民族地区和藏彝民族地区的上层产生了震动和冲击。

为减少边疆地区震动和实现社会稳定，根据党中央“慎重稳进”的方针，云南省委对省内尚未进行土地改革的介于腹地和边疆结合部的少数民族地区，采取了不同于内地的方针政策，创造性地提出了“缓冲”的办法进行土改。

坚持慎重稳进、分类指导。这是新中国成立之初党解决民族问题的一条行之有效的工作方法，也是党在云南边疆民族地区执政的基本经验。在内地进行全面土地改革的社会主义改造过程中，根据云南边疆民族地区面临的错综复杂的特殊形势和经济社会发展各不相同的实际情况，党坚持慎重稳进，分类指导的方针，没有像内地一样马上进行土地改革，而是在深入调查研究的基础上，逐步分地区采取了五种民主改革方式：一是在坝区已经进入封建地主经济的纳西族、白族、回族等少数民族地区，采取与汉族大体相同形式的土地改革；二是在少数民族杂居的高寒山区，采取稍宽于汉族地区的政策进行土地改革；三是为减少对边疆和国外的震动，在与边疆和与藏彝民族地区相邻的少数民族地区，采取比较温和的缓冲区土地改革（即缓冲区土改）；四是在保留着土司制度或处于封建领主制的永宁纳西族摩梭人等少数民族地区及处于奴隶社会的宁蒗县小凉山的彝族地区，采取“自上而下和平协商解决土地问题的改革方法”（即和平协商土改）；五是在处于原始社会末期或虽然已经进入阶级社会，但阶级分化不明显、土地占有不集中、生产力水平低下的宁蒗龙通的傈僳族等少数民族地区，采取“直接过渡”方式。从而，成功地解决了处于不同社会发展阶段的民族如何共同进入社会主义的问题。当前，在全面建设小康社会过程中，要使边疆民族地区再次实现跨越式发展，跟上时代发展步伐，“慎重稳进，分类指导”这一方针依然适用。

丽江县的北部山区列入了“缓冲区”，缓冲区土地改革从 1953 年春开始分两批进行，至 1954 年 3 月底全面完成。

缓冲区土地改革，只没收地主多余的土地、房屋、耕畜、农具，不没收浮财，不追底财；只没收地主多余的土地（先留后分），废除高利贷，不没收其他财产和生活资料。斗争方式上实行背靠背的斗争，不搞面对面的斗争，一般不剥夺政治权利，政治上给予安排，生活上采取保养措施，保障其改革后的生活。

宁蒗龙通的傈僳族还处在原始社会末期，阶级分化还不明显，土地占有不集中，封建剥削程度尚低。没有进行土地改革，而是采取在国家的大力扶持下，实行“团结、生产、进步”的方针，通过互助合作，发展生产，消除民族剥削因素，消除原始落后残余，直接过渡到社会主义的政策。这种改革方式称“直接过渡”。

土地改革是历史上空前深刻的社会变革，是中国共产党执政以来在边疆少数民族地区进行生产力和生产关系变革的成功范例。这场不同社会形态条件下的社会变革，在丽江的历史上也留下了深刻影响。

（四十四）丽江藏彝民族地区的和平协商民主改革

解放伊始，全国即已开展了轰轰烈烈的民主改革运动。早在1950年11月22日至30日，为贯彻执行中共中央西南局关于少数民族问题的指示，云南省委召开全省少数民族工作会议，提出“当前民族工作宜缓不宜急，讲团结、不讲斗争，反左不反右”的方针，把全省划分为“内地民族杂居区”和“有土司制度的边沿区（包括执行边疆政策的藏族地区和小凉山彝族地区）”，实行分类指导，当时，宁蒗县和中甸、德钦、维西等县执行同样的边疆政策，统称为“藏彝地区”，国家制定特殊政策措施，给予特殊扶持，在财政上实行统收统支，有余解中央，不足部分由中央补助。1952年6月26日，云南省委常委会研究决定，对国境边沿线和宁蒗、德钦、梁河、双江等26个县根本不考虑土改。

1955年下半年，凉山工委、丽江专署凉山办事处、宁蒗县工委对小凉山地区社会历史状况、生产力发展水平及各民族各阶层对民主改革的要求和愿望进行深入调研，开始了民主改革的准备工作。民主改革必然要触及世袭统治者的利益。1956年4月，为维护其剥削统治地位，抗拒即将进行的社会变革，小凉山川滇藏结合部的一些奴隶主在暗藏的反革命分子的煽动下，发动了大规模的反革命叛乱。叛乱分子大肆烧毁商店、粮店，拦截运输马帮，抢劫财物，残酷杀害工作队员，气焰十分嚣张。宁蒗县工委在省委、地委领导下，执行“政治瓦解为主、军事打击为辅”的平叛方针，对投诚人员采取“既往不咎”“给予出路”的政策，争取和稳定了受骗的群众，使叛乱分子日趋孤立、瓦解。经过两年半的斗争，平叛斗争取得了胜利。

为加强小凉山地区民主改革的工作，1956 年 5 月，省委从全省范围内组织熟悉彝族情况或本来就是彝族的人员 120 多人组成工作团，在团长普贵忠率领下，与团长张元瑞带领的 20 多人的地委工作团同时来到宁蒗，并长期留在当地工作。在各方面的共同努力下，1956 年 6 月 29 日，省委批准了宁蒗和平协商民主改革的实施方案。同年 9 月 16 日，宁蒗彝族自治县第一届人民代表大会第一次会议召开，会上根据各族人民的意愿，并经国务院批准，宣布成立了宁蒗彝族自治县。在这次会议上，经过代表们充分酝酿讨论，通过了

《云南省宁蒗彝族自治县和平协商改革实施办法》。会后，在奴隶制地区和封建土司制地区开展了和平协商民主改革。改革在试点基础上取得了民族杂居地区和平协商民主改革的基本经验，并于 1957 年秋全面铺开。通过广泛宣传和平协商民主改革政策，进行算账对比教育，并按照有关规定，通过协商划定阶级，按政策法规搞好没收、征收、征购、分配工作，安置好各阶层人士的生产生活；同时进行建党、调整乡政权及建立联防武装等工作，组织各族人民发展生产。改革中，平叛斗争与民主改革相辅相成，由于制定的一系列政策和采取的举措符合小凉山地区的实际，把对抗性矛盾转化为非对抗性矛盾，化消极因素为积极因素，最大限度地减少了改革的阻力，得到广大人民群众和上层人士的支持，仅用了 17 个月时间，便基本完成了民主改革任务。

全县在民主改革中共解放奴隶、婢子 62940 余人，其中有 2488 人在党和各地人民政府的帮助下回到原籍与家人团聚，有 17033 名无家可归者在党和人民政府的安置、帮助和扶持下组成 4298 户家庭。全县共没收、征收奴隶主、封建土司领主、地主等的土地261337亩，分给无地少地的各民族奴隶和农民；废除他们向奴隶主、封建土司领主缴纳的各种贡赋309732元，高利贷233315元。处于社会最底层的广大奴隶、婢子和劳动人民，改变了过去的依附地位，彻底获得了人身自由，成为国家的真正主人，获得了自己管理自己事务的权利，分到了属于自己的土地，在自己的土地上盖起了属于自己的房子，种上了属于自己的庄稼。在民主改革过程中，党和政府共拨款58670240元用于安置、解决各阶层人民的生产生活问题。和平协商民主改革后，大部分上层人士被安置在各级政府机构和政协组织中任职，其他的则根据情况由政府发给一定数额的补助费，使其生活水平不但没有降低，还得到不同程度的提高。在小凉山这块土地上沿袭了千百年的奴隶制和封建领主制永远成为历史，实现了从奴隶制、封建领主制向社会主义制度的跨越式过渡，这是小凉山地区历史上最伟大、最深刻的社会变革。

新的社会制度建立后，面对极为脆弱的社会经济基础，党和政府根据中央“积极领导、稳步前进”的工作方针，领导小凉山地区各族人民努力发展生产，进行社会主义建设。在坝区，引导和组织农民走互助合作的道路，组建初级农业生产合作社。在山区，则以安置刚被解放出来的家奴为主，由国家投资为他们修建住房，购买生产资料、劳动工具和生活用具等，调土地，组建农场，逐步实现由生产资料私有制向集体所有制的历史转变。从 1957 年 9 月开始，党在已完成民主改革的部分乡村，进行建立农场的试点工作，让那些过去长期从事单一的家务劳动，缺乏其他生产生活技能的家奴在自愿的基础上组织起来，建立起农场。由国家干部担任场长和会计，并手把手地教各种生产生活技能和生产经营管理技能，努力发展生产。1958 年 2 月全县完成改革之后，逐步建立了 51 个集体农场，使那些刚刚获得解放的家奴逐步掌握了各种生产生活技能，改变了长期以来在奴隶主的控制下，只会从事单一劳动，缺乏多种生产生活技能的状况。

经过特殊的扶持发展，小凉山地区的民族工业从小到大，工业企业由新中国成立初的 8 个小型私营工矿企业、职工 71 人发展到 1958 年的 93 个工业企业，职工人数达 1942 人。基础设施从无到有，据统计，1950—1959年间，国家共投资10万元，新整修人马驿道1300公里（有重复里程），结束了小凉山地区“孤悬江外，与世隔绝”的日子。社会事业开始起步，先后建立了电影放映队、新华书店等文化单位；1957年宁蒗中学建立，招收新生50人；1956年，改建了县卫生院为人民医院。到1958年，区卫生所发展到8个，医务人员30人，病床54张，改变了小凉山地区疫病流行的情况。人民生活水平得到提高。在领导经济建设的同时，狠抓党的建设，根据中央关于少数民族地区工作的批示精神，注重基层党组织建设和少数民族党员、干部的培养。到1958年底，小凉山地区已建立了30个党支部，党员总数达457人，一批当地少数民族党员和干部在党的关怀和培养下成为小凉山地区社会主义建设的栋梁和骨干。

宁蒗小凉山各民族人民在中国共产党的领导下，从奴隶社会进入到社会主义社会，这是小凉山历史上从未有过的最伟大、最深刻的社会变革，是社会的巨大进步。过去历史上的社会变革，都是通过战争等形式，对社会生产力难免都有破坏，而小凉山在跨越几个社会形态的变革中，社会生产力不仅得到保护，而且得到提高和发展。在宁蒗小凉山社会主义社会制度的确立，标志着宁蒗各民族从此诀别了民族压迫与歧视，跨入了崭新的时代，各族人民以平等的地位，以主人翁的身份携手并肩去建设新家园，开始新生活。

四、地方文化

（一）丽江历史文化

丽江具有悠久的历史，是滇西北政治经济文化中心之一，是汉唐时代通往西藏和印度等地的南方丝绸之路和茶马古道上重要的集散地。战国时期，丽江地区属秦国边地，两汉和蜀汉、西晋时期，先后属越嶲郡、云南郡，称遂久县，东晋和南北朝仍属云南郡，隋朝属越嶲郡，唐属南诏铁桥节度（后改为剑川节度）。宋代，丽江属大理国善巨郡，谋统府及麽些部地。蒙古宪宗四年（1254），忽必烈南征大理，在丽江境内“革囊渡江”（金沙江），丽江纳西族首领率众迎降。元朝在丽江设茶罕章管民官，至元八年（1271）改丽江为宣慰司，至元十三年（1276）置丽江府，后改为丽江军民府。丽江纳西族首领阿甲阿得因归附有功，明皇帝赐以木姓，并授“任本府世袭土官知府职事，中顺大夫”。丽江木氏土司制度发展进入鼎盛时期。清代仍为丽江军民府，雍正元年(1723)，丽江在云南率先实行“改土归流”，木氏降为土通判。丽江木氏土司政权，自1254年忽必烈南征到丽江设“茶罕章管民官”至清代“改土归流”，传世22代，共470年。实行改土归流到清朝灭亡的188年间，朝廷共派流官知府75任。清代初年，永北府（即今永胜)，当时的世袭永宁土府，北胜土知州，蒗蕖土州，鹤庆府所属顺州等，均属永北府，辖地即今永胜、华坪、宁蒗三县区域。乾隆三十五年（1770）改永北府为永北直隶厅，辖区未变。

民国初年，废府改县，分设丽江、永北（辖宁蒗)、华坪等县，民国三十年（1941)，设云南省第七行政督查专员公署。后丽江县改属第十三行政督察区，永胜、华坪、宁蒗属第十行政督查区。1949年7月1日，丽江县解放，属滇西北行署管辖，同年12月28日成立丽江人民行政专员公署。1950年4月改为丽江专员公署，辖丽江、永胜、华坪、宁蒗、维西、兰坪、中甸、德钦、碧江、福贡、贡山、鹤庆、剑川等13个县。1953

年，泸水县归丽江专区。1954年，碧江、福贡、贡山、泸水四县设立怒江傈僳族自治州，行政上归丽江专区代管。1956年11月，鹤庆、剑川两县划归大理白族自治州，同年又将兰坪县划归怒江州。1957年10月，中甸、维西、德钦三县成立迪庆藏族自治州，亦由丽江专区代管。1970年，丽江专区改为丽江地区。1973年撤销丽江地区对怒江、迪庆两州的代管，辖丽江、永胜、华坪、宁蒗四县。1980年设丽江地区行政公署。2002年12月26日，经国务院批准，丽江撤地设市，2003年6月设丽江为地级市，下辖古城区、玉龙纳西族自治县、永胜县、华坪县、宁蒗彝族自治县一区四县。

丽江是一个多民族聚居的边疆民族地区，境内居住着纳西族（含摩梭人），彝族、傈僳族、白族、普米族、傣族、苗族、回族、藏族、壮族、汉族等25种民族，全市人口2015年统计为120.85万人，其中人口在3500人以上的11种世居民族的人口分布为：纳西族（含摩梭人）23万人，彝族25.6万人，傈僳族12万人，白族5万人，普米族2.1万人，傣族1.2万人，苗族6807

人，回族 4247 人，藏族 5433 人，壮族 4313 人，汉族 47.7 万人。

丽江地区曾是战国秦汉时期南方丝绸之路的重要通道之一，又是唐代以来西南地区茶马古道的要冲，在对外友好交往史和西南地区发展史上，发挥过重要作用。丽江经藏区通往南亚地区的这条商贸古道，直到近现代仍发挥着显著的作用，特别是第二次世界大战时期，这条古道上马铃声声，数以万计的马帮队伍，把众多抗战物资从印度驮到抗战大后方，一度成为当时国际援华物资进入中国战场的陆上唯一运输线，而丽江也成了这条运输线上重要的商品集散地。同时，丽江也是当时著名的驼峰航线上重要的中转站。

在云南历史上，丽江作为首开崇尚汉文化之先河的少数民族地区，在中华民族文化发展史上也发挥过重要作用。元明以来，丽江的社会文化和经济有了空前的发展，《明史·土司传》中称当时的丽江在云南“富冠诸土郡”，“云南诸土官，知诗书，好礼守义，以丽江木氏为首云。”有明一代，丽江木氏土司忠于中央王朝，以维护滇西北的安宁与稳定为己任，使“金沙鹤榆得修养生息，遂成繁庶之乡。”明朝廷多次褒奖，称“辑宁边境”“西北藩篱”“忠义”“益笃忠贞”等。明至清初木氏土司不因循守旧，在文化上不闭关自守，对各种文化实行兼收并蓄的开放亲和政策。他们广交中原名士，引进汉文典籍，木氏家族又努力学习汉文化，逐渐培养了一批用汉文写作并有较高造诣的木氏土司汉文作家群，促进了丽江文化的繁荣。在当时就刻印了10余种诗文集，今存诗文者有木泰、木公、木高、木青、木增、木靖等人，被后人称为“木氏六公”。明朝钱牧斋的《列朝诗集》，清代纪晓岚编的《四库全书》，民国年间赵藩编的《云南丛书》以及《滇南诗略》《滇诗丛录》《滇文丛录》《滇词丛录》都选了木氏土司作家群的作品。明末，在永胜汉族文人中，著述最多、影响较大的是刘彬。雍正年间，丽江又在云南率先实施了“改土归流”政策，从而打破了土司垄断文化的格局，先后创办雪山书院、玉河书院等，民间子弟开始学习汉文化。从“改土归流”至清末（1723—1911）的188年里，丽江文人在科考时中榜的有100多人，其中有翰林院庶吉士李樾等2人，进士王春藻等 7 人，举人木正源等 60 多人，优贡、拔贡、贡生 100 多人。永胜有谭昇、刘慥等进士 7 人，举人、贡生 200 多人。正是由于丽江地区先辈们积极引进内地先进汉文化，自元明以来逐步造就了崇尚文化的良好社会风气，影响及后代子孙，为现代产生方国瑜、周霖、杨凤、高玉柱、宣科、白庚胜、杨福泉等这样国内外著名的专家学者打下了基础。也为丽江后来成为世界文化遗产——丽江古城，世界记忆遗产——纳西东巴古籍文献，世界自然遗产——三江并流三大世界遗产创造了条件。

（二）丽江市非物质文化遗产

丽江市委、市人民政府历来重视非物质文化遗产保护工作，严格按照《国务院关于加强文化遗产保护的通知》精神和《云南省民族民间传统文化保护条例》规定，结合云南省以开展文化遗产资源普查为基础，以建立名录体系和保护传承人为核心，以实现原地保护和动态传承为目的开展工作。使丽江市非物质文化遗产保护工作不断迈上新台阶，取得显著成绩。自 20 世纪 90 年代末开始，在市委、市政府的领导下，市文化部门就组织各区、县文化部门对全市民族民间文化进行全面、系统的调查和文化普查。2003 年又结合云南省启动的“云南省民族民间传统文化保护工程”，组织开展了大规模的民族民间传统文化资源普查工作。2003 年国务院实施民族民间传统文化保护工程，2004 年我国加入联合国教科文组织《非物质文化遗产保护公约》。丽江市把非物质文化遗产的保护提到了更加重要的位置，由市文化行政主管部门组织开展市、县两级“非遗”保护名录体系建立工作，制定了相关项目保护标准，建立和完善了评估体系、制度及评审程序。截止 2016 年 8 月，丽江市共列入国家、省、市、县（区）四级非遗名录 768 项（保护项目 283、保护区 26 个、传承人 459 人），其中：列入国家级保护名录 6 项［保护项目 4 项、传承人 2 人（均已故）］；列入省级保护名录 70 项（保护项目 19 项、保护区 6 个、传承人 45 人）；列入市级保护名录 251 项（保护项目 96 项、保护区 14 个、传承人 141 人）；列入县（区）级保护名录 441 项（保护项目 164 项、保护区 6 个、传承人 271 人）。华坪县通达乡被国家文化部命名为“民族民间歌舞之乡”。通过此项工作的开展，基本建立起了丽江市非物质文化遗产四级名录体系。随着这一体系的确立，我市具有历史、艺术和文化价值的民族传统文化项目被正式列入各级政府有计划、科学和法制的管理之中。

非物质文化遗产保护的重要核心之一，就在于对传承人的保护。丽江市始终把非物质文化遗产传承人的命名及申报工作作为开展非遗保护工作的重点来抓，加大对传承人的扶持力度，支持其开展传承活动。具体措施为：对非物质文化遗产传承人经过实地调查、逐级申报推荐、专家论证评选，经各级文化和民族工作职能部门审核，最终报送政府认定批准后予以公布命名。目前，丽江市已经建立起四级传承人认定体系，命名传承人 459 人，其中国家级非物质文化遗产传承人 2 名，省级传承人 45 名，市级传承人 141 名，县（区）级传承人 271 名。2008 年，国家和云南省安排了专项补助经费，主要用于帮助传承人改善传承条件，开展传承活动。自 2011 年开始丽江市政府也对市级传承人安排专项经费实施补助。补助标准：国家级传承人每人每年 20000 元，省级传承人每人每年5000元，市级传承人每人每年2400元。此外，玉龙纳西族自治县于2009年就安排了传承人专项经费对传承人实施补助。这不仅体现了我国各级政府对民族传统文化的高度重视，也有利于提高传承人的社会地位和影响，改善传承条件，激发传承人带徒传艺的热情，培养后继人才，为保护民族优秀传统文化做出贡献。

除对传承人实施有效保护外，设立民族传统文化保护区，对重点项目实施保护。由于历史、自然等原因和丽江经济社会发展的不平衡，使得经济发展滞后、受外界影响较小的民族地区，较多地保存了民族文化的传统。设立民族传统文化保护区是经济社会迅速发展变化的新形势下，有效保护和传承优秀民族传统文化的一种乡村发展模式。其宗旨就是要努力实现文化生态的多样性保护，以文化拥有者（即村民）的自觉保护为主体，注重传统文化保护并吸收现代文明，重视发展经济、消除贫困，努力实现文化与生态、社会、经济的协调和可持续发展。丽江市的保护名录中有26个少数民族聚居乡、村被列为省、市级“民族传统文化保护区”。

以政府为主导、文化部门为主体，专家与民间共同参与，职能部门与社会相结合，初步形成非遗传承保护机制的有效链接。丽江东巴文化研究院、丽江市东巴文化博物院、宁蒗县博物馆、华坪人民革命纪念馆以及永胜县边屯文化博物馆等国办研究机构在非物质文化遗产保护方面的作用正在逐渐显现。2010 年 8 月丽江市文化馆、市非遗保护中心在东巴文化历史根基较为丰厚、群众传承基础较好的玉龙县鲁甸乡新主村建立了“国家级非物质文化遗产‘东巴画’传承基地”，并举办了为期 20 天的以东巴画为主，涵盖东巴仪礼、东巴文及经书诵读、东巴祭祀道具制作、东巴舞的培训班，大大推进了当地东巴文化的传承保护；韩规文化传习所、摩梭文化传习所、傈僳族文化传习所、玉水寨、东巴谷等一批民间博物馆、传习所，聘请传承人落户所在公司，将“非遗”项目作为重要的展示和展演项目，开辟传承展示区，使民族文化遗产在传承过程中得到有效保护；此外还有丽江文化研究会、纳西文化研究会、傈僳族文化研究会、边屯文化研究会、普米族文化研究会等社会团体将开展非物质文化遗产研究作为自己的重要职责。与此同时市委、市政府始终把具有丽江特色、条件较为成熟的民族传统文化作为“非遗”重点保护和扶持开发项目，将丽江特有的濒临消亡的项目列为市级保护名录，进行重点抢救保护；对一些群众基础好、有市场前景的传统技艺，通过政策帮扶、资金补助，增加产品的文化附加值，使民间艺人成为依靠技艺致富的示范户和带头人，木雕、纺织、银器制作等民族传统手工艺，成为带动少数民族群众脱贫致富的产业。

保护非物质文化遗产，传承文化基因，维护精神家园，是一项长期、光荣而艰巨的事业。丽江市委提出“建设世界文化名市，打造丽江文化硅谷”的战略目标，对非物质文化遗产保护传承工作提出了新的要求。为全面贯彻落实《保护世界文化和自然遗产公约》《中华人民共和国非物质文化遗产法》《云南省非物质文化遗产保护条例》等相关公约、法规和文件精神，丽江市人民政府出台了《关于加强文化遗产保护利用工作的实施意见》，旨在进一步加强我市文化遗产保护利用工作。特别指出构建非物质文化遗产保护利用体系，开展“非遗”资源普查，丰富完善“非遗”名录体系。建立丽江市的国家、省、市、县（区）四级非物质文化遗产档案资料和数据库。加快推进丽江市非物质文化遗产展示馆，各县（区）非物质文化遗产传习馆、传承基地等重要非物质文化遗产保护利用设施建设；对非物质文化遗产进行抢救性保护，到2020年，全面完成市级濒危“非遗”保护项目的系统性保护工作。要做好丽江市非物质文化遗产整体保护规划的编制及实施工作，重点做好国家、省、市、县（区）四级非物质文化遗产保护项目和保护区的专项保护规划；建立科学有效的保护传承机制，使非物质文化遗产项目的传承后继有人。建立非物质文化遗产展示中心，确定一批有保护价值的项目，编辑出版非物质文化遗产普查丛书。加强与学校、民间组织合作，探索培养民族文化教育传承新型人才，建设“传习馆”“传承基地”“实训基地”，积极开展“民族文化进课堂”“‘非遗’进校园”活动。着力打造民族文化品牌，促进非物质文化遗产保护成果的转化和利用。为使“非遗”保护工作向规范化、系统化方向迈进，2009年5月正式批准成立“丽江市非物质文化遗产保护中心”。此后，四县一区也相应建立了县（区）级“非遗”保护机构，在主管部门的领导下，履行全市的非物质文化遗产保护工作，使丽江市“非遗”保护向规范化、系统化方向推进。丽江市非物质文化遗产保护中心始终坚持以“保护为主、抢救第一、合理利用、传承发展”的基本方针和原则，结合丽江市实际，围绕丽江市11个主要世居民族非物质文化遗产保护工作做了大量卓有成效的工作。

（三）丽江当代文艺

1. 文学创作

1949年后，丽江地区的文学创作进入了崭新的历史时期，随着政治、经济形势的发展变化，文学创作呈现出时盛时衰，曲折发展的态势。

继纳西族第一个女作家和诗人赵银棠、纳西族画家和诗人周霖等老一代作家之后，丽江又出现了木丽春、戈阿干、杨世光、沙蠡、和国才、牛相奎等作家。20世纪八九十年代以来，相继涌现出海男、鲁若迪基、王丕震等一批全国有影响的作家。已故的王丕震创作了100多部历史小说，其涵盖中国上下5000年27位帝王，52位将相，25位才子，17位佳人和5位现代名人；1956年木丽春与牛相奎合写的《玉龙第三国》叙事长诗，蜚声全国文坛；已故的纳西族作家沙蠡，出版了56部作品，是丽江一位高产作家，他的作品被誉为纳西族文化的“百科全书”；戈阿干，杨世光，和国才等作家，不仅创作数量多，还获得少数民族文学创作骏马奖。

丽江籍的一代中青年作家，从事文学创作的时间都比较早，可以向前推到20世纪80年代。从丽江走出来的女作家海男，已成为新时期中国女性作家的代表之一，在全国产生了较大影响，创作出版著作40余部，在小说、诗歌、散文方面很有建树；普米族诗人鲁若迪基，作品两次获得少数民族文学创作骏马奖，此外还获得“汉语诗歌双年十佳”及“第十五届中国人口文化奖”，2010年，诗集《没有比泪水更干净的水》入围第五届鲁迅文学奖，第三届徐志摩诗歌奖；摩梭人作家拉木·嘎土萨，连续获得第三、四届骏马奖特别奖和1994年庄重文文学奖；从丽江走出的小说家黎小鸣，作品刊发于《钟山》，《作家》等杂志，并被《小说月报》选登；丽江本土作家木祥，获得第二届《大家》文学奖；马霁鸿获得边疆文学奖，和文平荣获《云南日报》文学奖，李永天获云南省作协主办的《文学界》“金石杯”文学评论奖。

近年来，丽江的新生代作家不断在一些全国性的文学奖项中获奖。纳西族青年女作家和晓梅创作的中篇小说《水之城》刊于《中国作家》杂志，同时获“春天文学奖”提名奖及省政府“四个一批文学艺术新人奖”，作品入围“中华文学基金会”主办的“21 世纪文学之星”丛书；她的中篇小说《呼喊到达的距离》获得了 2016 年第十一届（2012—2015）全国少数民族文学创作骏马奖。何顺明、殷海涛、吉霍旺甲、曹翔的作品也曾获全国少数民族文学创作骏马奖。陈洪金作为国内“新散文”写作的代表，在国内权威报刊和美国、新加坡、俄罗斯、瑞典、港澳台等国家和地区华文报刊发表了大量作品，获得新加坡第二避华文散文奖、台湾首届喜蒸散文奖、孙犁散文奖、首届丝周散文奖等奖项。此外，还有阿卓务林、蔡晓玲、和振华、赵晓梅、杨玉琼、刘芝英、何顺学、吉春、马海等人的诗歌、散文在全国性的一些征文比赛中获奖。从20世纪80年代开始，宁蒗县的小凉山诗歌逐渐被外界所关注，现在已形成“小凉山诗人群”。他们的诗多次发表在《新华文摘》《人民文学》《诗刊》《儿童文学》《民族文学》《大家》《诗选刊》《边疆文学》《作家》等报刊上，并被《中国年度诗歌》《中国诗歌精选》《中国新诗年鉴》等多种权威选本选录。中国作家学会主办的全国少数民族文学创作骏马奖到现在举办了11届，其中6届有小凉山诗人的诗歌获奖。

2. 音乐创作

中华人民共和国成立初期到“文革”时期，最具代表性的是丽江师范音乐教师禾雨的音乐作品。他创作的《北京有个金太阳》等歌曲50年代就在全国广为传唱，《哈达献给毛主席》获云南省文艺会演创作奖，被北京《儿童音乐》评为1959年优秀儿歌之一；《赶车纳西人》1962年曾代表中国参加世界青年联欢节获奖，还被中央人民广播电台“每周一歌”播出。20世纪60年代，原地区歌舞团创作的歌舞《阿克吉》《玉龙山上开红花》《太阳照到独龙江》《牧场姑娘挤奶忙》《牧羊歌》等先后到北京参加会演。

“文革”后，王耐夫作词，张新民作曲的《春光好》获云南省建国35周年征歌评比二等奖；纳西古歌《代恁楚》（学而勤），和万宝、宣科编曲，1991年，大研镇兴仁小学合唱队代表云南省参加全国首届中小学生歌咏比赛，该歌获小学组第二名；《纳西一奇》，朱践耳作曲，音乐素材取自纳西族口弦调，为第一部反映纳西风情的交响乐，1984年在“上海之春”音乐会首演，后到日本演出；1983年，余崇先作曲的少儿歌曲《我们把祖国爱在心上》参加全国青少年优秀新歌评奖活动，获创作佳作奖，是云南选送的唯一获奖作品，在全国亿万少年儿童中广为传唱，余崇先被授予“优秀校园歌曲曲作家”称号。

改革开放后，1998年素国华编舞、张新民作曲的《喊月亮》获全国中小学生文艺会演一等奖；王铁生、引瑞作曲的《丽江美》获云南省“五个一工程”三等奖。2000年，由丽江地区艺术创作室冯文俊作词，著名作曲家肖白作曲摄制成MTV的纳西族通俗歌曲《七个月亮》获2000

年“中国艺术歌曲音乐电视展评”综合奖，并囊括了单项奖的5个奖项，即优秀歌曲奖，优秀演唱奖，优秀导演奖，优秀剧作奖，优秀制作奖。冯文俊作词、张新民作曲的歌曲《纳西人》，冯文俊作词、和中作曲的歌曲《蓝月亮》获云南省第三届文学艺术音乐类评奖二等奖。2007年，张新民创作的歌曲《纳西娃娃花花色》获国家教育部组织的全国第二届中小学生艺术展演少儿歌曲创作一等奖。2008年第十三届全国青年歌手电视大奖赛上纳西姐妹组合和金花、和秋香获原生态组银奖。2009年和劲松词曲的歌曲《月亮花》获“CCTV首届全国优秀流行歌曲创作大赛”铜奖，中宣部“第十一届精神文明建设五个一工程奖”。和文军词曲的《丽江三部曲》在国家文化部主办的第二届中国乡村文化艺术节中荣获“最受观众喜爱奖”，他作词曲的《纳西三部曲》风靡全国，深受群众喜爱。2011年玉龙县民族歌舞团《依古纳西》获云南省新剧目展演金奖。

2009年，丽江市作曲家禾雨编词曲的《北京有个金太阳》，绿豆作词曲的《太阳照在独龙江》，王耐夫词、寇邦平作曲的《玉龙山下开红花》、王耐夫词、张新民作曲的《春光好》，王耐夫词、余崇先作曲的《金色高原的姑娘》，王铁生、引瑞作曲的《丽江美》（铁生，金鸿为词），和中作曲、冯文俊词的《蓝月亮》，和劲松作词曲的歌曲《月亮花》等，作为新中国成立以来云南流行最广的经典歌曲收入“动听云南 60 年（1949—2009）”《云南优秀歌曲珍藏宝典》146 首 CD 专辑，由云南省文联、省音乐家协会、省人民广播电台、省影像出版社联合出版发行。2002 年 5 月，大型音乐舞蹈史诗《丽水金沙》成功推向市场；2006 年 7 月，大型实景演出《印象丽江》在海拔 3100 米世界最高的实景演出剧场正式公演。成功推出《丽江千古情》《云南的响声》《丽江欢腾秀》等文化品牌，影视力作《木府风云》在国内外反响巨大。

在音乐研究方面，1951 年，赵纪舜撰写的《丽江纳西的民歌》（指纳西族），发表在《人民音乐》（12）第三卷 3 期，是最早研究介绍丽江纳西族音乐的文章。1962 年 3 月 17 日，由中央音乐学院音乐研究所毛继增，云南省歌舞团吴景明、范钧、罗云平，丽江专区歌舞团的窦敬寿、寇邦平，丽江县人民政府副县长周霖，县委宣传部和睦晶、王乃勤，县文教科赵净修，县文化馆和汉等组成“白沙细乐调查组”，经过一个多月的深入调查，撰写了《白沙细乐的调查报告》和《白沙细乐调查资料》。后由毛继增主笔编写《白沙细乐》，于 1964 年 4 月由中国音乐研究所油印出版。1962 年 9 月中旬，根据丽江县保存有宋词乐调的传说，云南省委宣传部、省文化厅和省音乐联合会抽调省滇剧院曹汝群、省图书馆周永先、省群艺馆黄林、作协云南分会和鸿春及省广播电台倪立根 5 人组成云南省宋词乐调查组，对流传在丽江纳西族地区的丽江洞经音乐进行了全面系统的调查与整理，并由周咏先、黄林两人主笔撰写了《丽江洞经音乐调查记》（油印本），该调查之后被全文转发在《民族音乐》1983 年第二期。1982 年 10 月，和发源、杨德鋆在《舞蹈论丛》第四期上发表《纳西族古籍舞谱与东巴跳神经书》。是年，云南省社科院东巴文化研究室在丽江所藏东巴经书中第一次发现用图画象形文字写的纳西族东巴舞谱。宣科撰写的论文《活的音乐化石：纳西族多声民歌“热美蹉”的原始状态》发表在天津音乐学院学报《音乐学习与研究》1986年第四期。

3. **书画艺术**

1963年，在陈毅副总理的关怀下，周霖画展在北京中国美术馆举办，展出国画200多幅，成为该馆建馆后首次个人画展；是年，周霖为人民大会堂云南厅创作巨幅国画《金沙水拍云崖暖》《玉龙金川》；1984年，云南人民出版社出版《周霖画集》，这是丽江地区第一本个人画集。1988年，纳西族青年画家木基新、张春和联合画展在北京美术馆举办。是年9月，纳西族青年画家张云岭《现代东巴画展》于云南省民族艺术节期间在昆举办。在新时期的文化发展中，丽江市的美术工作者，在继承传统的基础上，大胆推陈出新，国画、油画、东巴画、雕塑、木刻等各类都有佳作和新人问世。兰碧英创作的《纳西神路》获中国美术家协会主办的第三届全国漆画展优秀奖；2011年，吕印创作的《小桥流水》获全国少数民族百花奖。

新中国成立后，书法艺术经历了由衰到盛的曲折历程。“文革”后，由于政府提倡，社会重视，书法艺术得以复苏，渐趋兴盛。周霖诗书画三绝，李群杰曾任云南省书法协会主席，周善甫1989年书法专著《简草谱》由四川美术出版社出版。丽江书画界人士在对纳西族东巴象形文字及东巴画进行学习研究的基础上，开创了新的书画品种——现代东巴画及东巴书法，受到国内外广泛关注，多次到国内外展出，不少作品被国内外收藏。

五、自然人文景观

（一）自然景观

丽江市位于青藏高原东南缘、金沙江中游、云南省西北部的滇西北高原。地跨北纬 25°23′—27°56′，东经 99°23′—101°31′之间，东西最大横距 212.5 公里，南北最大纵距 213.5 公里。东接四川凉山彝族自治州和攀枝花市，南接大理白族自治州剑川、鹤庆、宾川三县及楚雄彝族自治州大姚、永仁两县，西与怒江傈僳族自治州兰坪县及迪庆藏族自治州维西县西部毗邻，北与香格里拉县隔江相望。全市总面积 2.06 万平方公里，其中山区占总面积的 92.3%，高原坝区占 7.2%。全市地势西北高东南低，最高点玉龙雪山主峰扇子陡海拔 5596 米，最低点华坪县石龙坝乡塘坝河口，海拔 1015 米，最大高差 4581 米。玉龙雪山以西为横断山脉切割山地峡谷区的高山峡谷亚区，山高谷深，山势陡峭挺拔，河流其间。玉龙山以东属滇东盆地山原区的滇西北中山山原亚区，海拔较高，山势也较浑厚。在主山脉两侧又广泛发育着东西向的沟谷，形成错综复杂的地块地貌景观，地势起伏，海拔悬殊。有 111 个大小坝子分布于山岭之间，海拔一般都在 2000 米以上，其中丽江坝最大，面积约为 200 平方公里，平均海拔 2466 米。

流经全市的金沙江以及两岸拔地而起的属云岭的老君山、玉龙雪山、绵绵山（俗称小凉山）三大山系，构成了丽江市地形的基本经脉和骨架。老君山从南到北如屏障横列在西边，成为丽江与维西县、兰坪县的界山，老君山主峰海拔 4247.4 米；玉龙雪山位于丽江市府所在地北 15 公里处，发育着高山冰川地貌，终年白雪皑皑，13 座山峰首尾相连，直指云天；东部为绵绵山。全市海拔 3500—5000 米的高山有 12 座。海拔 2500—3500 米的高山各县均有分布。全市属低纬暖温带高原山地季风气候。由于海拔高差悬殊，从南亚热带至高原寒带气候均有分布，四季变化不大，干湿季节分明，气候的垂直差异明显，年温差小而昼夜温差大，兼有海洋性气候和大陆性气候特征。东南、西南的迎风斜面是多雨区，背风坡面是相对干燥的少雨区。江边沙谷属亚热带气候，半山区及山区属温带高原气候，山区为寒带高山气候，具有典型的“立体气候”特征。金沙江河谷干燥少雨。全市年平均气温 12.6℃—19.9℃之间，全年无霜期为 191—310 天，平均降雨量为 910—1040 毫米，雨季集中在 6—9 月，年日照时数为 2321—2554 小时。雨雪量少，天晴日暖，日照时数长，光能充足。全市生物资源丰富多样，有 13000 多种植物，占全省植物种类的 70%，云南八大名花和国家保护植物珙桐、红豆杉、三尖杉、榧木、银青艾在丽江广为分布。中英合作复建项目——丽江与英国爱丁堡皇家植物园合建的丽江高山植物园已于 2001 年 5 月 18 日奠基开工。丽江是云南省重点林区之一，林业用地 150 万公顷，森林覆盖率 40.3%。丰富的植物资源为各种动物提供了生息繁衍的良好环境。据统计，全市共有兽类 83 种，占云南兽类总量的 29.6%，鸟类 290 多种，占云南鸟类总量的 37.6%。

1. 玉龙雪山——国家 AAAAA 级旅游景区

雄奇伟岸的玉龙雪山屹立于丽江市市府所在

地 15 公里处，因 13 座雪峰由北向南依次排列如巨龙腾飞而得名。玉龙雪山南北长约 35 公里，东西约 25 公里，景区面积 2. 6 万公顷。主峰扇子陡海拔 5596 米，是长江南岸第一高峰，也是北半球离赤道最近的现代海洋性冰川，被称为“现代冰川博物馆”和“植物王国”，列入国家级风景名胜区。2007 年荣获国家 AAAAA 级旅游景区称号。玉龙雪山是纳西族传统文化中的神圣之山，纳西族的保护神“三多”就是玉龙雪山的化身。玉龙雪山在唐代即被称作“神外龙雪山”而闻名遐迩，曾被南诏封为“北岳”。元代初年，元世祖忽必烈到丽江时，曾封玉龙雪山为“大圣雪石安邦景帝”，每年农历二月八日，丽江人民和旅居外地的纳西族同胞都要举行盛大活动，欢度“三多节”，表达对玉龙雪山和三多大神的敬仰。玉龙雪山以险、奇、美、秀著称于世，气势磅礴，玲珑秀美，随着时令和阴晴的变化，气象万千，风采卓绝，古往今来，令世人魂牵梦绕。玉龙雪山一日有四季，一年有百景。时而云蒸霞蔚，玉龙乍现；时而碧空如洗，群峰如沐玉液，晶莹剔透；时而云带系腰，雪峰倩影隐约，云下岗峦碧翠；

时而霞光辉映，雪峰如披红纱，妙艳无比。玉龙雪山峰如玉剑，原始森林茂密无边，泉塘星罗棋布，景致可分为高山雪域风景、泉塘水域风景、森林风景、草甸风景等。主要景点有玉柱擎天、玉湖倒影、冰塔林、云杉坪、甘海子、蓝月谷、牦牛坪、卧鹿坪、蚂蟥坝、古冰川槽遗迹、绿雪坪等景观。

2. 万里长江第一湾

在丽江城西北 45 公里的石鼓镇，金沙江从北而来，在这里转向约 180°，冲开崇山峻岭的重重阻挡，掉头北上又东去，形成了罕见的“V”字形大湾，“江流到此成逆转，奔向中原壮大观”，从而孕育了长江流域的华夏文明，人们称这天下奇观为“万里长江第一湾”。江湾处有明代嘉靖七年（1528）丽江土知府刻制的鼓形汉白玉石碑碣，“石鼓”因此得名。《元史·地理志》等史书中写作“罗婆”，是元代茶罕章管民官及丽江路宣抚司的最早驻地，也是古代南方丝绸之路及茶马古道上的要津和南下大理、北进藏区的战略要地。1936 年 4 月，中国工农红军（二、六军团）在贺龙、萧克、任弼时等同志的率领下，经过丽江，在石鼓到巨甸约 100 里长的江段渡过金沙江北上抗日，留下了“贺龙擂石鼓，江中红旗舞”的传说。石鼓镇是全国 100 个红色旅游经典景区之一。长江第一湾山萦水绕，景色如画。这里江流开阔平缓，江边柳林如带，四周被层峦云岭环抱，层层梯田盘绕山坡，与平畴沃野、村落瓦舍相映相连，享有“小江南”的美誉。“山连云岭几千叠，家住长江第一湾”，著名的纳西族学者范义田先生所撰的这副对联，生动刻画出长江第一湾和石鼓的形胜之处，至今脍炙人口。

3. 老君山——世界自然遗产“三江并流”核心景区

丽江老君山是镶嵌在滇西北地区的一颗绿宝石。老君山连绵盘桓数百里，层层叠叠，主峰海拔 4240 米，被历代史家称为“滇省众山之祖”，因传说太上老君在此炼丹而得名。景区总面积 1084.5 平方公里，丰富的高山植被，珍稀动植物，众多的冰蚀湖，奇异的丹霞地貌和纳西族、白族、傈僳族、普米族、彝族等民族多姿多彩的民风民俗，构成老君山景区极具观赏价值和科学考察价值的独特景观。景区主要由九十九龙潭片区、金丝厂金山玉湖片区、黎明美东丹霞地貌片区，利苴滇金丝猴自然保护区、白崖寺片区、新主高山植物园片区和金沙江游览线等“六片一线”组成。景区内的丹霞地貌、奇峰异石、碧湖清溪、密林繁花、高山草甸、冰峰奇峡，令人称绝。每到春夏交替时节，山花烂漫，争奇斗艳，百里杜鹃，艳如云霞；冬天到来，则又是树挂银花，山披白雪，一派冰天雪地的北国风光。丰富的地质、生物和景观多样性资源，以及独特的地域文化、民族文化，使丽江老君山景区拥有世界自然遗产、国家级风景名胜区、国家地质公园三项桂冠，成为“三江并流”世界自然遗产的重要组成部分，展示世界级自然生态价值的重要区域。老君山景区是自然生态旅游、民俗风景旅游和科学考察旅游得天独厚的理想胜地。国内外有关专家认为，这里是云南风景最优美、自然资源最丰富、民俗文化最独特的地方之一，不亚于美国著名的黄石公园和英国著名的爱丁堡植物园。

4. 虎跳峡

虎跳峡位于玉龙雪山和哈巴雪山之间的金沙江江段。峡长 18 公里，落差达 200 多米，分上虎跳峡、中虎跳峡、下虎跳峡三段，共 18 个险滩，是世界上集激、险、奇、绝、秀为一体的大峡谷，有“万里长江第一峡”之称。江峡南岸海拔 5596 米的玉龙雪山和北岸海拔 5396 米的哈巴雪山银峰刺天、刀切斧劈般的绝壁悬崖如鬼斧神工，紧紧夹着奔涌咆哮的江流，最大高差达 3700 多米，江流最窄处仅 20 米左右，形成了“万仞绝壁万马奔，一线天盖一线江”的世界奇观。江中有一巨石，如砥柱般直卧中流，把激流劈为两股，巨浪滔天，涛声如雷，惊天动地。相传有一猛虎，在玉龙雪山被猎人射伤后，负痛从石上跃过对岸，因此留下了虎跳石和虎跳峡的美名。置身峡中，但见绝壁摩天仅一线，江水咆哮如狂龙，大自然的神奇伟力震人魂魄。清代丽江著名诗人木正源曾赋诗：

巨灵劈不到，江自破山行。
无雨云常湿，如雷石乱鸣。
落涛和地卷，飞瀑撼天惊。
内界经流始，神功不可名。

5. 拉市海——高原湿地，候鸟天堂

拉市海位于拉市坝中央，是玉龙县境内最大

的淡水湖。海拔2450米，面积10平方公里，是拉市乡境内海拔最低点。1998年被列为云南省第一个以“湿地”命名的保护区，保护区的高原湖泊、森林、灌木和草甸构成了独特的高原湿地生态系统，是云南省重要的水禽越冬基地。拉市海内盛产鲫鱼，水生动植物十分丰富，每年冬季都有大量候鸟到拉市海过冬，据专家考察论证，栖息于拉市海的鸟类有175种，其中特有珍稀濒危鸟类9种；国家一级保护动物黑鹳、黑颈鹤、中华秋沙鸭、白尾海5种；国家二级保护动物灰鹤、野鸭、大天鹅等20种。每到候鸟来临之际，10多万只候鸟在拉市海栖息，构成了人与自然和谐发展的美景。

6. 泸沽湖——神奇的东方女儿国

距丽江市宁蒗县城72公里的泸沽湖像一颗晶莹的宝石，镶嵌在滇西北高原的万山丛中。在如梦如诗的湖光山色之间，至今生活着延续了母系氏族文化的摩梭人，他们独特的“阿夏”婚姻，质朴的民俗风情，为这片尚未濡染都市风尘的土地罩上了时光倒流的文化色彩。泸沽湖面积为50平方公里，湖水平均深度约40米。其状似马蹄，南北长，东西窄，形如曲颈葫芦，是滇西自然风貌保护最完好的风景区之一，被列为国家级风景名胜区和省级自然保护区。泸沽湖水常年透亮清澈，波光潋滟，最大能见度达12米水深。泸沽湖的景色变幻无穷。晨曦初露，雾霭烟霞，湖水如染，一片金色；朝阳冉冉，湖周山峦如荷，倒映其中，点点绿茵；夕阳西下，风平浪静，平滑若镜，积万倾碧玉，又成一片墨绿；夜色幽幽，微风轻拂，波光粼粼，星月闪耀，洞箫隐约，让您如梦如幻。泸沽湖四周山岭岗峦、汀洲堤岛或隐或现，湖中有5个全岛，3个半岛，1个海堤连岛，17个沙滩，14个海湾。黑瓦吾岛、黑务比岛和里格岛交错分布，鼎立于烟波浩渺的泸沽湖中。泸沽湖的群山之中，尤以格姆女神山为人们喜爱，这座山海拔3800米，雄伟壮观，酷似一头狮子静卧于泸沽湖北面。格姆山是当地摩梭人顶礼膜拜的女神山，每年农历七月二十五日，都要举行一次盛大的朝山活动。摩梭少女的风姿，独木轻舟的欸乃之声，此起彼伏的渔歌，为游客流连、赞叹，称为“湖上三绝”，成为泸沽湖独特风光。

7. **程海**

程海位于丽江市永胜县中部，距县城46公

里，水面面积 77.2 平方公里，海拔 1439.8 米，是滇西第二大淡水湖，是世界上天然生长螺旋藻的三大湖泊之一。程海古名程河，又名黑伍海。程海湖沿岸，村村舍舍绿竹粉墙，柳暗花明，湖岸四周梯田重叠，四季常青。蓝茵茵的程海湖水透明如镜，夏秋季节便是鱼汛来临之时，鲤鱼、白条鱼、丁钩鱼，鲫鱼等，每年要捕上百万斤。程海湖区气候属中亚热带气候类型，平均气温 18.7℃，全年无霜；水质碱性，光照充足，适合鱼类、藻类生长。1988 年在程海湖畔利用程海水进行人工养殖螺旋藻成功，程海为全世界最大的“蓝色聚宝盆”，随着螺旋藻的开发，现今程海成为世界最大的螺旋藻生产基地。湖面上野鸭漂浮，冬天成千上万的红嘴鸥不远万里来到程海，为神秘的程海增添了美丽迷人的风景。

二、人文景观

1. 丽江古城——世界文化遗产

1986 年丽江古城被国务院公布为中国历史文化名城。1997 年 12 月 4 日，丽江古城通过联合国教科文组织世界遗产委员会第 21 次全体会议评审，正式批准入选《世界遗产名录》，成为中国首批受全人类共同承担保护责任的世界文化遗产城市。同时也成为国内第一个少数民族自治地方的世界文化遗产城市。丽江古城位于丽江坝中部，由白沙古镇、束河古镇、大研古城三个相对独立的建筑单元共同组成，核心主体部分是大研古城。丽江古城是一座历史悠久、古朴自然，具有极高价值的历史文化名城。它集中体现了地方历史文化和民族风俗风情，兼有水乡之誉、山城之貌，它有别于中国任何一座古城，未受中原建城礼制的影响，城中无规矩的道路网，无森严的城墙。古城布局中的三山为屏，一川相连；水系利用中的三河穿城，家家流水；街道布局中的“经络”设置和曲、幽、窄、达的风格；建筑物的依山就水、错落有致的设计艺术在中国现存的古城中是极为罕见的。大研古城是纳西族先民根据民族传统和地理环境创造出的优秀成果。

大研古城面积 3.8 平方公里，海拔 2416 米，始建于南宋末年，近千年来一直是滇西北政治、经济、军事和文化重镇。是元代丽江路宣抚司、明代丽江军民府和清代丽江府的驻地。白沙古镇、束河古镇明显展示出古城演变的轨迹。萃集在白沙的大宝积宫、大定阁、金刚殿、白沙壁画、芝山福国寺等古迹，见证了白沙曾经是丽江统治中心的辉煌；白沙西面不远处的束河古镇，更为明显地表露出以商业文化为目的的建城格局。白沙古镇和束河古镇，一直是丽江最有特色的商业集镇，生产的铜器、银器、皮革制品等商品畅销藏区及周边各地，繁荣的商贸活动经久不衰。

大研古城北托象山、金虹山，西枕狮子山，东面和南面与开阔平坝自然相连，既避开了西北寒风，又朝东南光源，形成座靠西北，放眼东南的整体格局；发源于城北象山脚下的玉泉河水分三股入城后，又分成无数支流，穿街绕巷，流布全城；街道不拘于工整而自然分布，主街傍河，小巷临渠，300 多座古石桥与河水、绿树、古巷、古屋相依相映，一派高原水乡人家。丽江古城在明代即有相当规模。《徐霞客游记》中称“居户骈集，萦坡带谷”。古城四方街明清时已是滇西北商贸枢纽，是茶马古道重镇。抗日战争时期，因丽江处在上通西藏、印度，下达大理、昆明的咽喉位置而成为抗战物资转运的要津，商贸活动盛极一时。古城大片保持明清建筑特色，被中外建筑专家誉为“民居博物馆”。丽江古城人与自然和谐统一的建筑特色，平民化的古纳西民居建筑群，以及至今仍生活在其中的纳西族居民，以东巴文化、纳西古乐为代表的独特历史文化和民俗风情，与色香诱人的风味食品，悦人耳目的鸟语花香，风情独具的民族歌舞，构成了丽江古城一幅幅独具特色的纳西民族的风情画卷，投射出古朴、乐生、安谧、平和、大同的氛围。

2. 东巴文化——世界记忆遗产

东巴文化是产生于纳西族古代社会的宗教文化，它是伴随着纳西族漫长的历史发展而逐步形成和演化的活形态文化，是千百年来纳西民族创造和积累起来的自然科学和社会科学的总和，它保存于纳西族东巴教中，以东巴经为主要载体，以世界上罕见的纳西族东巴文书写。东巴文是世界上唯一的图画向象形过渡的一种文字，也是世界上唯一还在使用的“活着的象形文字”。东巴古籍文献是纳西族本土宗教东巴教的经典，流传至今的有 1500 多种 3.2 万余册，分别收藏于丽江、昆明、北京、南京、台北以及美、英、法、德等欧美国家的图书馆和博物馆。东巴古籍卷帙浩繁，内容广博，被誉为纳西族古代社会的“百科全书”。2003年8月28日至30日在波兰格但斯克召开的联合国教科文组织世界记忆遗产工程咨询委员会第六次会议（评审会）上，由世界记忆工程中国国家委员会申报的东巴古籍文献，经评审会审议表决列入《世界记忆遗产名录》。至此，丽江已获得丽江古城、“三江并流”和东巴古籍三个世界遗产殊荣。东巴文化是纳西民族历史上创造的集体记忆和精神寄托，一直以来维系着纳西社会生活，维持了社会的稳定和社会的发展，是传统纳西社会的一种生活方式。经过百年的发展，东巴文化学科体系已形成，东巴文化研究与保护走上了具有丽江特点的研究国际化、保护社会化、传承民间化、开发产业化的发展道路。

3. 黑龙潭古建筑群

黑龙潭始建于清乾隆二年（1737），旧名玉泉龙王庙，位于丽江古城城北象山脚下。园内有8万平方米的水潭，系由十眼涌出的泉水汇集而成。因潭水清澈如玉，而得名玉泉。后获清光绪皇帝敕封“龙神”而得名，改为黑龙潭，是丽江古城水系的源头。四周山清水秀，柳暗花明；依山傍水、造型优美的古建筑点缀其间，流光溢彩，引人驻足流连。

黑龙潭古建筑群由龙神祠、得月楼、戏台、锁翠桥等原生建筑，以及后来迁建于此的明代福国寺解脱林门楼、五凤楼、原土知府衙署的明代光碧楼及清代一文亭等明清古建筑群组成，堪称“丽江明清建筑博物馆”。园内还有“觉显复第塔记”碑等数十通明至民国时期的重要石碑。

五凤楼，又称法云阁，原建于芝山福国寺内，福国寺建于明代，原是木土司的别墅及家庙。木土司曾在寺内见过明代著名旅行家和地理学家徐霞客。福国寺五凤楼始建于明万历二十年(1592)，原位于丽江白沙芝山山麓，为丽江世袭土司行宫、别墅。1977 年，福国寺大殿五凤楼迁到黑龙潭。光碧楼，又名玉皇阁，原在古城木家院后，始建于明万历年间，1982 年迁建于玉泉公园内。解脱林门楼原为白沙芝山福国寺的门楼，1976 年迁建于黑龙潭东南角。龙神祠，在玉泉公园内，始建于清乾隆二年（1737)。光绪十五年(1889)，玉泉龙潭被光绪皇帝敕封为“龙神”，而悬匾“龙神祠”。殿有“玉水龙宫”匾额，门楼悬“天光云影”榜书；“得月楼”和两幅楹联，为郭沫若手笔。

黑龙潭古建筑群的保护范围：西北以黑龙潭现有围墙为界；南以大门为界；东以象山西麓为界。建筑控制地带：范围外延伸 50 米。2006 年，黑龙潭古建筑群被国务院批准为国家级重点文物保护单位。

4. 白沙壁画

白沙位于丽江市区城北 8 公里处玉龙雪山脚下，是纳西族进入丽江盆地后的最早定居点，是丽江文明的发祥地。壁画主要彩绘在白沙明代宗教建筑群大宝积宫、琉璃殿、大定阁、大觉宫。从明代洪武十七年（1384）始到成化元年（1465）近一个世纪陆续完成。除大定阁一部分壁画于清代补绘外，均系明代原作。其中，大宝积宫内有 12 铺，61.48 平方米；琉璃殿内有 16 铺，12.52 平方米；大定阁内有 19 铺，69.61 平方米；大觉宫内有 6 铺，26.3 平方米。总面积 169.91 平方米，其中有载于王伯敏《中国绘画史》的 28 铺明代壁画，计 73 平方米。1984 年为抢救濒临险境的壁画，完成了古建筑落架维修和壁画“整铺揭取维修还原”工程。白沙壁画以丰富的内涵，特有的风姿神采，吸引了中外学者及观瞻大众。

琉璃殿内容为释迦佛、观音、文殊、普贤、大势至、地藏菩萨等；大宝积宫为“如来海会图”“孔雀明王海会图”“观音普门品经图”以及金刚亥母、降魔祖师、百工之神、绿度母等。现存壁画均根据佛教显宗、密宗和道教经典画成。早期壁画风格朴实，与中原差别不大。大觉宫内壁画保持有内地佛教传统，用笔流畅，朴实凝重。其余几处明显受密宗风格影响，画风纤细，线条严谨，调色绚丽，追求装饰效果，有“曼陀罗”画的绵密风格，还有的用沥金、贴金等手法。

白沙壁画规模宏大，色彩绚丽，技法流畅，有明代中原佛画特色，又有浓烈的地方风格，融汉、藏、纳西风格与一炉，造型逼真，形态各异，个性突出，最为突出的特点是表现在题材上的多种宗教和同种宗教中的各教派内容相互融合并存，将多民族的绘画技法糅为一体的现象。白沙壁画反映了纳西族在历史上善于吸纳多元的异民族文化，而不执迷于一种宗教文化的特点，它是多元文化融合的艺术结晶，是滇藏贸易“茶马古道”上民族文化交融的历史沉淀，是我国民族文化瑰宝。1965 年被公布为云南省重点文物保护单位，1997 年评为国家级重点文物保护单位。

5. 木府

木府位于丽江古城西南隅，是明代木土司府衙署，《徐霞客游记》中，叹木府“宫室之丽，拟于王者”。大部分建筑毁于清末兵燹。1996 年丽江“2·3”大地震后，历经 3 年，于 1999 年恢复重建。重建后的木府占地 46 亩，中轴线长 369 米，整个建筑群依黄山坐西朝东，木牌坊、石牌坊、议事厅、万卷楼、护法殿、光碧楼、玉音楼、三清殿构成气势恢宏的木府主体建筑群。木府是一座辉煌的建筑艺术之苑，它充分反映了明代中原建筑的风采气质，同时保留了唐宋中原建筑古朴粗犷的流风余韵；府内玉沟纵横，活水长流的布局，则又见纳西传统文化之精神。丽江古城是中国历史文化名城，世界文化遗产，而木府是丽江古城的“大观园”。纳西族首领木氏自元代世袭丽江土知府以来，历经元、明、清三代 22 世 470 年，在西南诸土司中以“知诗书，好礼守义”

而著称于世。2011 年，电视连续剧《木府风云》在中央电视台一套、八套黄金档热播，得到社会各界的高度评价。这部洋溢着浓郁民族风情，充满民族和谐的民族题材剧，再现了当年纳西木氏土司辉煌的历史。

巍巍木府，得雪域之灵气，玉水之精魂，一游木府，纳西古国之秘境，尽收眼底。

6. 宝山石头城

宝山石头城位于丽江古城北 120 公里的金沙江边峡谷中，建于元朝至元年间（1264—1294 年），当时为云南行中书省丽江路宣抚司所辖的七州之一宝山州所治。管辖今大具、大东、鸣音、宝山、奉科 5 个乡的范围。这里是纳西族居住较早的地区之一，也是 1253 年忽必烈革囊渡江的地带。宝山石头城地势险要，因百余户人家聚居在一堵庞大独立的蘑菇状岩石上而得名，是自然形成的岩石之城。石头城三面皆是悬崖绝壁，一面石坡直插金沙江，仅有南北两座石门可供出入，是一座真正的天险之城。宝山石头城纳西语称为“拉伯鲁盘坞”，意为“宝山白石寨”，城内房屋鳞次栉比，巷道纵横，纳西民居辟岩建屋，房屋柱石和房沿石均随势打造，古朴自然，奇绝无穷。石城周围的所有山坡，凡能开垦的全部辟为梯田，且有别具一格的自然灌溉系统，不是上田满了流下田，而是在每块田的下面都修有暗渠，形成一条由暗渠和水口形成的浇灌网络，充分显示出古代纳西族人民的聪明才智。2006 年，宝山石头城被列为全国重点文物保护单位。

7. 石鼓红军长征过丽江纪念馆

红军长征过丽江纪念馆位于丽江城西 52 公里的石鼓镇。1936 年 4 月 24 日至 28 日，中国工农红军二、六军团在贺龙，任弼时、关向应、肖克、王震等率领下，兵分两路，由贺龙率领二军团经金山进丽江古城，再由大研古城经拉市、雄古到石鼓；另一路由萧克和王震带领，由鹤庆经太安、九河直接到了石鼓渡口。两支部队在石鼓汇合，在丽江人民积极帮助下，从石鼓到巨甸共 140 多华里江面上的海罗塘、木瓜寨、木取独、格子、茨可和巨甸 6 个渡口抢渡金沙江，于 4 月 28 日胜利渡过了金沙江，由迪庆藏区北上。为了铭记当年红军长征过丽江的光荣历史，继承革命先辈对革命理想坚定不移、对革命事业无比忠诚的长征精神，丽江县委、县政府于1977年在石鼓红军渡口临江坡上新建了“中国工农红军第二方面军渡江纪念碑”；1985年又分别在6个渡口建立了红军渡口纪念碑及其标志；1999年又增建了《金沙水暖》红军渡江青铜雕像；2004年，石鼓作为红军长征系列景区列入全国100个红色经典景区之一，被云南省列为精品红色旅游线；2006年，中共中央宣传部出资资助丽江建设以石鼓红军长征过丽江为主题的纪念馆等设施，2008年12月红军长征过丽江纪念馆隆重落成，2009年5月，红军长征过丽江纪念馆被列入中宣部公布的第四批全国爱国主义教育示范基地。红军长征过丽江纪念馆面积为2269.4平方米，年接待游客人数在15万人次左右。2011年正式免费对公众开放，积极发挥了宣传爱国主义、民族精神和人文社科知识的宣传功能。

8. 永胜边屯文化博物馆

博物馆位于丽（江）—攀（枝花）高速与祥（云）—宁（蒗）二级公路交会处的云南省丽江市永胜县程海湖南畔毛家湾。整个博物馆总面积42666m^2，全馆由中国永胜·云南边屯文化博物馆、毛泽东祖先纪念园、毛泽东铜像广场和毛氏宗祠四大部分组成。整个建设和展览秉承中华优秀历史文化传统，立足本土资源优势，系统展示以人口大迁徙和民族文化大融合为主题的边屯文化和一代伟人毛泽东的第20代先祖毛太华及其在云南留下的后裔500多年来创立的毛氏文化的丰富内涵。馆内现共设有“边屯云南”“沧阳春秋”“北胜州与澜沧卫”“永胜非遗记忆”“明清以来的云南文化名人”“翰墨丹青话边屯”“毛太华馆”“永胜毛氏馆”“韶山毛氏馆”“毛泽东馆”“毛氏宗祠”“毛氏文化陈列室”“边屯文化陈列室”等14个展厅（室）和毛泽东铜像广场。

9. 清水古镇

丽江市永胜县期纳镇清水村2012年被评为全国首批中国传统文化村落，2014年入选全国第六批“中国历史文化名村”，2015年入选全国最美宜居村庄。清水村现有人家1000多户，5000余人，是一个南北长3公里的大自然村，也是丽江市最大的自然村，是一个有着浓厚历史底蕴的村落。历史上清水村又名清邑、清水驿、清邑街，是官文传递、军情传送和官员往来、学子赶考的必经之地。明永乐二年（1404），云南布政司在澜沧卫设驿站时，一个设在卫城北胜，另一个就设在了清邑，使清邑成了现丽江历史上唯一的一个官方乡间驿站。清邑从明朝之后在此设集市，商贸繁华导致人口骤增及文化繁荣。明代形成的文化布局“三横十八纵”街巷格局依然存在，老街深巷中，青房瓦舍，明清“四合五天井”“三坊一照壁”等彩绘美观大方文雅的民居及各家宗祠村村皆是。儒学、义学、私塾、驿馆、官仓、寺庙齐备。现存的南阁楼、石拱门、南北大照壁、瑞光寺大殿、东岳庙寺庙群等百余处明清古建筑，仍记录着清水昔日鼎盛繁华的辉煌历史。2015 年永胜县提出对清水古镇的保护方针：严格保护清水村的古建筑群，适度开发，并以修缮和维护为主，确保文物单位的可持续发展，形成古村落、武学、宗教与民俗接待相结合的特色乡村旅游。

10. 灵源箐及石刻观音像

灵源箐，又名观音箐，位于永胜县城东 3 公里处，是滇西名胜古迹之一。进入灵源寺区，迎面是慈云坊，坊下便是寺区通途。寺区上下，浓荫掩映，古木参天。现存寺观亭阁，有正殿观音阁、正殿东面大门人天阁、殿右真武阁。正殿观音阁，始建于北宋大理国时期，历代都有修葺，现存建筑是清朝光绪二年（1876）在旧址上重修的。上傍危崖峭壁，下临灵源河水。观音阁殿中最珍贵的是刻在石壁上的观音像，此像高 178 厘米，宽 75 厘米，像旁注有“唐吴道子笔”字样，造型美观，镌刻细致，立体感强，栩栩如生。据《新纂云南通志·金石考》编者、云南大学著名史学家方国瑜说：“永胜灵源箐石刻观音像，为滇中画佛之较古者”，“昆明圆通山有碑刻观音像即仿此翻刻。世人咸重此刻，当非偶然也”。明朝《景泰云南图经志》北胜州条都称石刻观音像是“古迹”，可见观音箐石刻观音像，系宋代珍品。永胜石刻观音像在绘画、镌刻、工艺方面显示了我国劳动人民的艺术性和创造性。人天阁、观音阁，其上多有古人题咏石刻，如人天阁前的山麓，有大书“灵源”二字的石碑，笔迹遒劲，气势逼人。灵源河纳诸山泉水，流入桥下，奔向乌龙池。1989 年，重新整理了观音阁正殿、大门、过道楼，新建了碑亭和弥勒殿等。明代北胜土州高氏墓碑和清朝康熙年间重修北胜州等 10 多件碑刻也从城外移到灵源箐，更增添了灵源箐的历史价值和秀丽景色。

11. 金沙江岩画

1991年，丽江文化工作者在大具虎跳峡至鸣音乡洪门口的金沙江沿岸发现了12个古岩画点，大多在洞穴之中，总面积达983平方米，主要反映古人类的狩猎生活场景，有的岩画点还发现一些新石器时代的动物遗骸。自金沙江岩画发现以来，已经调查核实了26处岩画点，岩画绝大部分绘在金沙江和金沙江支流的崖壁上，绝大多数都是野生动物世界，作画的技法有绘画、涂绘、凿刻3种，颜色有红、黄、黑、白、蓝等5种，其中用得最多的是红色。笔力刚劲，层次分明，运用艺术夸张手法，属于原始绘画艺术。金沙江岩画，以其丰富而独具一格的内容和表现形式，在我国岩画类型中独树一帜，引起了国内外不少岩画研究、美术史研究、生态学研究等相关专家学者的高度关注，并对金沙江岩画的地位和价值给予了高度评价。这些岩画可能是迄今中国境内发现年代较早的岩画之一，为云南省原始艺术史和金沙江流域远古时期生态环境的研究提供了难得的实物资料。1993 年，原丽江县政府公布第五批县级文物保护单位，玉龙县大具虎跳峡至鸣音洪门的第 11 个岩画分布点列为县级文物保护单位。2013 年，金沙江岩画被公布为第七批全国重点文物保护单位。

12. 丽江寺观

玉峰寺。在城北 15 公里的玉龙山麓，始建于清康熙年间（1661 年）。寺坐西朝东，由前殿、配殿、正殿组成四合院。寺北侧有两个四合院，一院植有数棵“十里香”树，称十里香院；别院有一棵名闻海内外的“万朵山茶”树，称茶花院。县级重点文物保护单位。

指云寺。在古城西 18 公里的拉市乡秣度山下，清代雍正五年（1728）建，光绪六年（1880）重修。为丽江五大喇嘛寺首刹。寺东西向，二进院落，由山门、过厅、厢房、大殿组成。大殿平面呈长方形，三重檐楼阁式建筑。原有 13 个禅院，现存 5 院。县级重点文物保护单位。

文峰寺。位于丽江城南 12 公里的文笔山腰。《光绪丽江府志稿》载：“旧有灵寿寺，久废，雍正十一年（1733），番僧噶立布结茆于此。乾隆四年（1739），四宝法王至丽，求知府管学宣倡捐，五年落成，至道光八年增修大殿。”藻井正中绘八卦图，四旁12块花板绘佛教八宝图案及金刚亥母“坛城”。寺中悬名人书写匾额颇多，其中“文峰寺”三字为赵朴初所书。文峰寺后有“南州第一灵洞”，是滇西北噶举派喇嘛静坐修行处，是滇西北噶举派喇嘛的最高学府。1956年8月释迦牟尼舍利（佛牙）从缅甸接回中国，寺内举行过盛况空前的迎佛牙宗教活动。1986年10月19日，全国人大常委会副委员长班禅视察了文峰寺，并题写了藏文寺名。县级重点文物保护单位。

永宁扎美寺。建于明朝嘉靖三十五年（1556），整个建筑雄伟壮丽，藏式庙宇分正殿、偏殿、禅房等。为藏传佛教黄教格鲁派喇嘛寺。寺坐北向南，偏殿内塑一金身弥勒坐像，高约12米，头饰五佛冠，手持如意宝珠，为典型藏式泥塑风格；寺内壁画充满浓郁的印藏风格，造型生动，系清代作品。扎美寺从建造之日起，实际上就成为永宁土司实行政教合一制度的重要活动场所，成为这一带地区政治、宗教、文化中心。现为省级重点文物保护单位。

六、现代风貌

（一）丽江解放开新局

1949 年 7 月 1 日，丽江和平解放。“丽江行政督察专署”改为“滇西北人民行政专员公署”，下辖丽江、鹤庆、剑川、永胜、华坪、宁蒗、中甸、德钦、维西、兰坪、碧江、福贡、贡山等 13 个县。1949 年 8 月建立贡山办事处，10 月 1 日，丽江各族各界万余人民群众在民主广场隆重集会，热烈庆祝中华人民共和国成立暨丽江县人民政府成立，丽江县人民政府工作人员宣誓就职，并发表了《丽江各界人民十月一日庆祝大会宣言》，11 月建立碧江县，12 月 28 日建立了“丽江人民行政专员公署”，专员公署驻丽江县；1950 年 2 月建立了小凉山彝族事务办事处（县级），4 月改“丽江人民行政专员公署”为“丽江专区”，5 月建立了宁蒗政务委员会；1951 年改宁蒗政务委员会为宁蒗县民族民主联合政府，成立了德钦藏族自治区（县级）。1952 年改德钦藏族自治区为德钦县，改贡山办事处为贡山县；1954 年 8 月从“丽江专区”分出碧江、福贡、贡山县成立了怒江傈僳族自治州，1986 年 12 月，碧江县被撤销；1956 年从“丽江专区”分出鹤庆、剑川两县归大理白族自治州，宁蒗县民族民主联合政府与小凉山彝族事务办事处合并建立了宁蒗彝族自治县；1957 年，从“丽江专区”分出兰坪县归怒江傈僳族自治州，从“丽江专区”分出中甸、维西、德钦 3 县成立迪庆藏族自治州；1958 年，永胜、华坪两县合并为永华县；1959 年 10 月，撤销永华县，恢复永胜县、华坪县设置；1961 年 4 月丽江县改为“丽江纳西族自治县”；1965 年，从“丽江专区”分出华坪县的玉泉、新华、肇义、布德、和平、平江、福田、新民、新生、共和 10 个公社归四川省渡口市（今攀枝花市）；1970 年“丽江专区”改称“丽江地区”，辖丽江纳西族自治县、宁蒗彝族自治县、永胜县、华坪县。

1949 年 7 月 1 日丽江和平解放以后，丽江党组织派出许多干部到滇西北 12 个县开展活动，为滇西北各县的解放奠定了坚实的组织基础和群众基础。丽江儿女纷纷参加边纵七支队，投入到滇西北的解放事业中去，为滇西北各县的解放做出了巨大的牺牲和贡献。丽江专区全境解放后，丽江县派出大量的干部支援滇西北各县开展土地改革、剿匪、阶级成分划分、社会主义改造等工作，为滇西北各县之各项事业的发展做出了积极的努力，特别是对滇西北各县民族干部的培养以及农业、文化、教育、卫生等社会事业方面给予了最大的支持；丽江县、永胜县、华坪县等还组织了大批民工到怒江、迪庆修路架桥，为怒江、迪庆交通事业的发展做出了不可磨灭的、无私的奉献。

（二）“二·三”地震获新生

在玉龙纳西族自治县新县城县委政府大楼前的玉龙广场南面，有一大幅名为《纳西魂》的石头浮雕，上面雕有勤劳勇敢、顶天立地的纳西族人，还有“曲修”“神蛙”“红虎”“白牦牛”等纳西族传统图案，在图案的最下端用纳西东巴文和汉文书写着一段纳西族谚语：“骏马面前没有跨不过的壕沟，好汉面前没有战不胜的顽敌。”这段谚语凝聚着纳西族人民几千年来面对灾难时的勇气和战胜困难的智慧，由此可以看出纳西族祖先曾经经历过许许多多的磨难。1996 年 2 月 3 日，原丽江纳西族自治县发生了 7 级大地震，造成 309 人死亡，17057 人受伤，35.8 万间房屋倒塌，20 余万人无家可归或有家难归，直接经济损失达 46 亿元。

1. **大灾难：玉龙蒙难，丽水悲歌**

1996 年 2 月 3 日 19 时 14 分，丽江地动山摇，天崩地裂，顷刻间，玉龙山上的积雪在崩塌狂泻，金沙江水在震颤哀号。房屋倒塌，亲人被埋，寒冬的狂风卷起滚滚尘土吞没了蔚蓝的天空……一场震惊中外的大地震猝然降临西南边陲滇西北高原。须臾之间，国家级历史文化名城丽江古城，国家级风景名胜区玉璧金川大地变成了一片废墟，震中地区交通、供电、供水、通讯中断，把生息在这片美丽土地上的 100 多万各族人民推进了灾难的深渊。

地震发生后，党中央、国务院，省委、省政府非常关心和重视丽江灾情。党中央、国务院及时给灾区人民发来了慰问电，地震发生后不到 24 小时，时任中共中央政治局委员、国务院副总理吴邦国就率领中央慰问团赶到灾区视察灾情，慰问灾民，对抗震救灾工作作了重要指示。随后，温家宝、李鹏、刘华清等党和国家领导人也先后到丽江视察灾情，指导抗震救灾和恢复重建工作。省委、省政府立即进行了紧急动员，迅速组织了近万人的应急抢险队伍，全力以赴奋战在抗震救灾第一线，为抢救人民生命财产做出了重大贡献。和志强、令狐安、尹俊、刘树生、王天玺、戴光禄等省委、省政府、省人大、省政协负责同志更是频频深入灾区。

灾情就是命令，时间就是生命。灾情发生后，从地委行署领导到自然村干部，不论职位高低、岗位大小，舍小家顾大家，经过艰苦奋战，使地震灾区的死者得到了妥善安埋，轻重伤员全部得到救治，震后 15 天内解决了 20 多万受灾群众的“五有”（有吃、有盖、有穿、有住、有医）问题。

一方有难，八方支援。地震发生后，人民子弟兵来了，武警消防官兵来了，医疗救援队来了，各路新闻记者来了……灾情不单牵动着全国人民的心，还牵动着国际社会的心。联合国秘书长致电表示慰问，德国等85个国家政府纷纷致电慰问或及时送来紧急救援的物资。从老一辈革命家邓小平同志到全国各地普通百姓，从文学泰斗巴金老人到幼儿园的小朋友，香港同胞、澳门同胞、台湾同胞、海外华侨华人，海内外各种社会组织、慈善机构，不同肤色、不同国籍的救灾考察团、志愿服务团从四面八方赶来，纷纷向丽江地震灾区捐款捐物，伸出了温暖的援助之手。

面对突如其来的灾难，英勇的丽江人民并没有被困难吓倒，而是坚强地从废墟上站起来，把对党中央、国务院、全国人民及国际社会多方支援的感激之情，凝聚成为公而忘私、患难与共、撼天动地的抗震救灾精神，以饱满的热情投入到抗震救灾的工作中，在最短的时间内实现了灾区通水、通电，通讯畅通。

震后30天内排除了基础设施险情，基本恢复了灾区生产、生活、工作秩序，所有受灾学校能在防震棚教室如期开学上课。震后90天内，灾区农户基本实现“人有住处、粮有放处、畜有关处”的“三有”目标。

地震，让丽江这个滇西北边远贫困山区名不

见经传的边陲小镇一下子成为世界关注的焦点。

2. **大机遇：恢复重建，奠基丽江**

灾难发生后，面对一片废墟，面对破碎的家园，丽江今后怎么办？这关系到全区人民的生活和丽江未来发展的重任，就落在了新任丽江地委书记段增庆和丽江行署专员和段琪肩上。受命于危难之际的地委行署新领导班子担起了丽江震后恢复重建的重任。

在地委行署和丽江“二·三”大地震恢复重建指挥部的坚强领导下，丽江人民开始了为期3年的艰苦卓绝的重建家园之路。

一条跨世纪的路，解放思想的路，扩大开放的路。香格里大道（雪山中路）是云南省滇西北旅游规划会议后，在丽江启动的最重要的基础设施项目，目标是建成代表云南省内道路建设最高水平的“云南第一路”。建成后，香格里大道（雪山中路）成了丽江新城的中轴线，它具有城市主干线和过境线双重功能。全长4.3公里，路基宽40米，总投资7000万元，于1995年11月6日动工，1997年1月1日竣工。这是丽江交通最繁忙的道路，两旁矗立着幢幢高楼，最早来丽江投资的企业大都在这条路两旁扎根落户。

这条路被媒体称之为“一条解放思想的路、一条扩大开放的路、一条奔向小康的路、一条丽江跨向21世纪的路”，成了省级文明示范路。同时它不仅仅是一条路，它的出现展示了一座现代化城市的规模和格局，它的诞生标志着一座现代化城市将要诞生……

排除万难，丽江古城成功申报世界文化遗产。丽江古城申报世界文化遗产的准备工作刚刚起步，就发生了“二·三”大地震，这对申报工作是个严峻的挑战。丽江地县各级党委、政府按照国务院、省政府关于古城恢复重建要“修旧如旧”、恢复原貌的指示精神，从有利于申报世界文化遗产的要求出发，加快古城恢复重建工作。下决心拆除了影响古城整体风貌和建筑格局的建筑物，拆除了70年代以后新建的东大街水泥钢混建筑，全部恢复重建成体现古城传统民居的建筑；把古城内水泥桥恢复为传统的栎木桥，水泥路面恢复为传统的五彩石板路；把已被水泥覆盖的暗渠恢复为明渠，恢复家家流水、户户垂杨、小桥流水人家的古朴景观。

1996年5月，地县领导群策群力，开始攻坚克难开展申遗工作。首先，加快实施了省政府滇西北旅游规划会确定的改善古城环境的“五四三二一”工程。特别是古城排污工程、“三线”（电力线、电视闭路线、通信线）整治工程。同时广泛深入开展“爱我古城”宣传活动，讲文明、树新风，治理脏、乱、差，美化优化古城环境，开展“支持申报世界文化遗产万人签名活动”等。另外，抽调精兵强将进行申报文本的编写等具体工作。1996年6月24日，申报文本顺利送交联合国有关机构。1997年4月2日，联合国专家组到丽江进行评估鉴定。1997年12月3日，在意大利那不勒斯举行了联合国教科文组织世界遗产委员会第二十一次全体会议。1997年12月4日，丽江古城申报世界文化遗产获得成功。丽江古城的“申遗”成功，对于保护好丽江古城，提高丽江在全国、全世界的知名度，加快丽江旅游业的发展，起到了巨大的推动作用。

震后，丽江地委、行署党政班子团结一心，审时度势，克服困难，及时提出要让坏事变好事，抓住恢复重建的机遇，加快国际旅游景点城市建设步伐。从此，一手抓抗震救灾恢复重建，一手抓旅游业的恢复和发展。

震后仅1个月，丽江便迎来了大地震以后的第一个旅游团队。震后的丽江旅游业有了空前发展，接待了大量的国内外来宾，其中包括加拿大议长、挪威国王和王后、泰国议长、吉布提总统、芬兰总理等外国政要。大地震当年，来丽江的国内外游客达98.6万人（次），比震前的1995年增长28%；1997年，来丽江的国内外游客达到173万人（次）；1998年，国内外游客突破了200万人（次），旅游接待能力从震前的600人（次）/天，提高到1998年末的12000人（次）/天。

抓住恢复重建的机遇，大干基础设施建设。地县两级政府把教育、卫生、文化系统的恢复重建摆在重要位置，实施了丽江地区人民医院、丽江县妇幼保健院的总体搬迁，丽江地区中学、丽江县第一中学、丽江卫校、丽江师范学校、丽江体育场、丽江（国际）民族文化交流中心、云岭剧场等重点项目恢复重建；建成了丽江第一座污水处理厂；建成了宽40米、长4.3公里的城市主干道——香格里大道（雪山中路）；建成了丽大高等级公路；实施了丽江海关、丽江机场扩建工程；开通了会议电视网、数字移动电话网等一批新业务，基本实现了各乡镇交换程控化、传输光缆化。震后3年里，灾区的学校、医院、文化等基础设施不仅恢复快，而且普遍比原来提高了规模和档次，有的硬件设施已达到了省内同类学校和医院的一流水平。通过恢复重建，丽江的交通、能源、通信等基础设施以及学校、医疗、文化、体育等设施取得了超前的发展。

“二·三”大地震中，原有的土木结构建筑的抗震性能较差，民房倒塌最多。在恢复重建家园的过程中，在保持传统的民房风格的基础上，增加了新材料，大大增强了房屋的抗震能力。农村民居建筑，由震前只追求数量而忽视质量转变为注重居住质量为主，住房质量有了明显提高。震后共完成了68267户1365万平方米的民居修复和重建。同时，统一进行乡村道路、田间道路以及公共设施的建设，村容村貌发生了显著的变化。

恢复重建过程中，通过与丽江旅游、城市建设、扶贫相结合，创新了产业。在恢复古城的同时，丽江还努力建设新城，将历史文化与现代文化碰撞融合，用新城烘托古城，并实现对古城的配套服务。

丽江在建设物质家园的过程中，创造了“丽江速度”。震后3年，丽江完成恢复重建资金投入共14.5亿元，其中国家和省补助8.8亿元，其余为自筹及贷款。不包括大量民居重建项目，共计完成1171个项目，其中重建610个，修复加固561个。

在党中央、国务院，云南省委、省政府的关心支持和正确领导下，在全国人民的大力帮助和国际友人的支援下，全市广大干部群众发扬自力更生、艰苦奋斗的精神，原定3年完成的恢复重建计划，在2年内基本完成。灾区呈现出经济发展、社会稳定、民族团结、人民安居乐业的良好局面，人民的生产生活条件得到较大改善，社会事业发展也上了一个新台阶，推动了丽江经济结构的合理调整和经济社会的飞速发展。

打响保护古城攻坚战。进入20世纪80年代，受当时外地“拆旧城、建新城”之风的影响，丽江古城一度出现了一些新式建筑。1986年7月，云南工学院建工系教授朱良文给时任云南省省长和志强同志写了一封题为《紧急呼吁》的信，信中说：“丽江古城目前遭到极大的威胁，新街像一把尖刀已经插入古城之中……这些都破坏了古城的和谐与协调，威胁着古城的存亡，建议政府要采取措施，加强管理与保护，千万不要搞建设性的破坏。否则，丽江这样一座解放后30多年来在我国难得较完整地保存下来的古城将在我们这一代人手中遭到毁灭。”

和志强省长收到信后，立即批示丽江地委、行署和丽江县委、县政府：“较完整地保留丽江古城很有必要，这不仅是为了研究颇具特色的纳西族民居建筑的需要，也是为了适应开放和旅游所必须。国内外专家多次呼吁，请你们认真研究，务必做到保留丽江古城。”

1994年10月，云南省政府滇西北旅游规划会召开。在会上，云南省省长和志强宣布了省政府做出的12项重大决定，其中就包括“丽江古城申报世界文化遗产”，实施古城保护“五四三二一工程”的决定。以省政府滇西北旅游规划会的召开为里程碑，由政府主导的大规模、全方位、系统性的古城保护工作逐步推进。其中，在震后恢复重建过程中实施的古城东大街拆迁项目中，共搬迁了丽江地区电影公司百花娱乐城、丽江县农行等 17 家单位，拆除钢混建筑及各类不协调建筑共 16000 多平方米，该项目的实施标志着古城“修旧如旧”的开端。

在丽江古城恢复重建中，丽江结合实际情况，因地制宜，创造性地开展了恢复重建工作。按照“抢救第一、保护为主、统一规划、合理利用、强化管理、依法治城”的原则，实施了古城恢复重建“五四三二一”工程：完善“五个系统”，即供水与消防、电力与电信、排水、道路、路灯；实现“四个增加”，即增加环卫设施、绿化用地、文化设施、旅游接待设施；修缮“三条街道”，即整修四方街、新华街、七一街；实现“两个降低”，即降低古城的建筑密度和人口密度；“一个提高”，即提高古城的环境质量。

保护民族文化，弘扬民族文化，增强文化自信。文化就是财富，文化是旅游发展的灵魂，多元的民族文化资源是旅游的核心竞争力和强劲牵引力。丽江地处滇、川、藏大香格里拉的核心地区，是羌藏文化圈、汉文化圈和濮越文化圈的重要交汇区。世界上“唯一活着的象形文字”东巴文、蜚声中外的纳西古乐和东巴绘画以及独特的建筑艺术和宗教文化等，是丽江东巴文化鲜活的因子。丽江的文化离不开旅游，丽江的旅游离不开文化，丽江改变把文化装进“象牙塔”里存放起来、把文化和经济割裂开来的陈旧观念，以敢为天下先的气魄，为文化产业发展营造良好的环境氛围，把文化产业放在支柱产业的重要位置来抓。丽江花了 1000 万元出版《纳西东巴译文全文》，弘扬了纳西东巴文化，传承了纳西族东巴文化，造就了一大批文化人和创业人，集聚了人才。2003 年 8 月被列入世界记忆遗产名录的东巴古籍文献就是丽江东巴文化的代表。

木府是纳西人的精神栖息地之一，在地震中全部被夷为平地。在木府的重建过程中，很多人不理解，不支持，有的人甚至认为这是在为封建王朝“树碑立传”。但木府重建工作组顶住了来自各方面的压力和争议，筹资 5860 多万元（其中向世界银行贷款 3360 万元），完成了木府的重建，并将其作为“丽江古城博物院”对外开放。这一举措是丽江地委、行署采用公共财政手段培育民族文化产业的破冰之笔。

10 年之后，世界银行行长沃尔芬森专程到丽江考察后认为："这一项目是中国使用世界银行贷款的示范项目，增强了世界银行投资中国文化项目的信心。"这一成功举动，为丽江文化产业发展带来了深远影响。

2003 年 5 月，中央领导同志考察丽江时，充分肯定了丽江在民族文化产业建设方面取得的成绩，破格将丽江列为全国文化体制改革综合试点唯一的地级市。作为全国首批文化体制改革综合试点地区，近年来，丽江市委、市政府营造了良好的文化产业发展环境，制定了《关于全面开展文化体制改革工作的实施意见》和《丽江市文化产业"十一五"发展规划》等政策，全面完成了全市 24 家文化事业单位的改革工作，把有竞争力的文化事业单位推向市场，涌现出了一大批"自主经营、自负盈亏、自我约束、自我发展"的现代文化企业。

丽江承载文化，文化成就了丽江。文化产业已成为丽江经济社会发展最活跃的增长点，纳西古乐、东巴乐舞、丽水金沙等文化品牌成功进入市场，成为国内外有影响的民族文化亮点。由著名导演张艺谋等策划执导的大型实景演出《印象·丽江》得到广泛关注和好评，取得了良好的经济效益和社会效益。束河古镇被列为全国影视拍摄基地，《木府风云》《一米阳光》《千里走单骑》《大东巴的女儿》等一批影视力作在海内外引起强烈反响。文化产业增加值成倍增长。

探索出一条符合丽江实际的特色发展之路。丽江地震灾区重建家园并没有进行简单的复制，而是做到了比震前提高档次和水平。其中一个很重要的原因是坚持从丽江实际出发，在科学论证的基础上首先制定了恢复重建的总体规划，做到生产与生活统筹，当前与长远兼顾，恢复与发展统一；并在具体的实施过程中，强化了计划管理和项目的科学评估论证，加强了工程的资金管理和质量管理；在工程项目方面，也基本实现了地委提出的“三不准”“二确保”的要求。

地委、行署提出了“一个方针、二个结合、四个原则”，即自力更生、艰苦奋斗、生产自救、各方支持、重建家园的方针；恢复重建与扶贫攻坚相结合，恢复重建与发展包括旅游业在内的民族地区经济相结合；先急后缓、先重后轻，确保重点、照顾一般条块结合，以块为主、责任到县，先抓恢复、后量力发展的原则。按照省政府批准的《丽江地震灾区恢复重建规划方案》，实事求是、科学合理地制定了民房恢复重建规划，基础设施恢复重建规划，教育、卫生系统和重要工业企业系统恢复重建规划，古城恢复重建规划等，确保了恢复重建工作有条不紊地进行。

为了按时、按质、按量完成恢复重建任务，并给后人留下一份合格的工程质量答卷、一份清正廉洁的政治答卷，恢复重建刚开始，地委、行署就提出了“确保干部不出问题，确保工程质量不出问题”的要求。为确保这一目标的实现，制定并实施了包括规划设计、项目审批、项目管理、资金管理、施工管理、质量管理、事后审计等在内的恢复重建管理制度和管理措施。

地震中，丽江的自然生态遭受到一定破坏。时任恢复重建指挥部指挥长的和段琪及时深刻地认识到，“保护生态就是保护生产力”。在 3 年的恢复重建中，丽江切实注意了恢复重建与保护及改善生态环境的关系，坚持了人与自然和谐统一、建设新家园的原则，把自然生态保护放在了重要位置。在保护与开发的关系上，将保护放在了第一位，使人与自然和谐统一，成为世人眼中丽江的鲜明形象。丽江积极响应省委省政府建设民族文化大省的战略，将特色的东巴文化融入丽江古城环境，大力发展民族文化产业，让丽江民族文化这一最具吸引力的人类文化瑰宝昂首走向世界。进一步扩大对外开放，筑巢引凤，招商引资，加快丽江城市化发展进程，塑造滇西北商贸中心历史地位新形象。

另外，提出要把丽江建成长江上游停止天然林采伐后新升起来的一颗经济明珠。为此，在调整经济结构，加快培育旅游业的同时，积极创造条件，努力做好开发金沙江丰富的水利电力资源的前期准备工作，迎接把丽江建成全国最大水利电力基地的新时代的到来。

“二·三”大地震发生以后，丽江变灾难为机遇，营造宽松的投资环境加快招商引资，闯出了一条灾区恢复重建的新路子，有力地促进了灾区恢复重建。

针对外来投资者对震后丽江的前途表现出来

的种种忧虑，丽江用“朋友发财我发展”的指导思想，在实践中体现优惠政策，让投资者进得来、留得住、发得了财。真诚的态度，热情的服务，宽松的投资环境，坚定了投资者在丽江投资的信心。

“丽江精神”助推丽江发展。地委行署在灾后重建中提出：“灾难变机遇，机遇促发展。”在这一思想的引导下，灾区干部换了脑筋，亮了眼睛，思想观念、精神面貌都发生了深刻变化。

在这次抗震救灾、恢复重建的实践中，丽江人民自强不息、自力更生、艰苦创业的聪明才智充分展示了出来，虽遭此巨祸奇劫，而始终未渝回天之志。不等不靠，自力更生，生产自救，重建家园。恢复重建的洗礼中，升华了丽江各族人民公而忘私、患难与共、不怕困难、顽强拼搏、自强不息、敢于胜利的“丽江精神”。丽江能绝处重生走到今天，靠的是有精神、有动力、有力量。每个人都把自己作为团队的一个成员，面对灾难，大家想到一起，站在一起，心往一处想，力往一处使，从而激发了每个人的智慧和力量，转变了丽江人民的精神面貌。

有了“丽江精神”，就有了发展的动力和源泉。在恢复重建苦战的3年里，丽江人民正是以“丽江精神”作为指引和支撑，摆脱了“等靠要”思想，咬紧牙关，自力更生，艰苦创业，才提前实现了重建一个新丽江的目标。全区人民满怀信心，迈进了发展新丽江的又一新征程。

“丽江精神”是丽江经济社会前进的支撑力和助推器。将来丽江的发展离不开在抗震救灾、恢复重建中凝聚升华的“丽江精神”，大力弘扬“丽江精神”，就一定能够建设一个更加繁荣更加美丽更加和谐的新丽江。

“丽江精神”是丽江人民宝贵的精神财富，有其丰富而深刻的内涵。它是全市各族人民在长期历史发展过程中，在特定的自然环境、社会历史条件和生活条件下逐步形成的民族精神，在“二·三”地震这一新的特定历史条件下得以凝聚和升华，是创造抗震救灾、恢复重建中的“丽江速度”的精神支柱，也是进一步促进全市经济发展、社会进步、民族团结、人民富裕的动力源泉，是渗透于全市各族人民生存和发展各项事业中的丽江之魂。

丽江在建设精神家园的过程中，创造了“丽江精神”。这是“二·三”地震抗震救灾、恢复重建中，丽江人民创造的最为宝贵的精神遗产。

3. 大发展：建设大美丽江

“万丈高楼平地起”，震后的恢复重建为丽江后来的发展奠定了坚实的基础。

丽江有今天的美好生活，有今天的发展变化，得益于党中央、国务院的亲切关怀，得益于省委、省政府的坚强领导，得益于历届党委、政府朝着预定的发展目标团结拼搏努力奋斗，得益于震后3年恢复重建打下的坚实基础，得益于丽江地震中凝聚升华的伟大的“丽江精神”，得益于全市各族人民的艰苦奋斗，得益于震后旅游先导、强农固基、培育支柱、扶贫攻坚、科技兴丽的经济发展思路，得益于大力发展非公经济，得益于丽江不断提高对外开放……

在震后20年间，丽江市委、市政府换人不换思路，朝着既定的目标，带领全市各族人民不断改革，不断创新，不断拼搏，不断进取，不断努力，取得了一项又一项的成功。

20年后的今天，丽江已成为世人向往的旅游目的地。政治、经济、社会、文化、生态建设高歌猛进，捷报频传。一项项桂冠，一项项荣誉，一项项成就，花落丽江。丽江 126 万各族人民，在党中央、国务院的关怀下，在省委、省政府的坚强领导下，在历届党委、政府的带领下，创造了一个又一个奇迹。集世界文化遗产、世界自然遗产、世界记忆遗产于一身，旅游业发展后来居上，文化产业异军突起，水电开发如火如荼，基础设施建设日新月异，民族文化绚丽多彩，改革开放不断深入。丽江机场旅客年吞吐量突破 500 万人次大关，跻身全国大型机场行列；丽江古城、丽江玉龙雪山景区成功申报为“国家 5A 景区”；“丽江号”民族文化旅游列车在滇西北高原来回飞奔，机场高速、大丽高速犹如一条条玉带飘落在崇山峻岭；泸沽湖机场竣工通航，丽宁公路即将竣工开通；此外还有，金沙江中游库区航运基础设施综合建设项目开工、滇中调水工程的上马、互联网+丽江的启动……

从 1997 年丽江古城被评为世界文化遗产，20 年来，先后荣获“世界自然遗产三江并流地区之一”“世界记忆名录纳西东巴古籍所在地”“中国优秀旅游城市”“全国文明风景区”“2006 CCTV 中国十大魅力城市”“2006 年度海内外游客最向往的景区”“首批国家旅游名片”“中国国际旅游文化目的地”“影响·中国特色魅力城市”“中国文化旅游发展贡献奖”“中国游客最喜爱的休闲旅游景区”“云南省双拥模范城”“国家卫生城市”“国家节水型城市”“国家园林城市”“全国改革开放 30 年 18 个典型地区之一”……

立足新常态，打基础、破瓶颈，补短板、强支撑。交通方面，全市公路通车总里程达 7167.5 公里，65 个乡镇全部实现通油路；水利方面，通过不断加快骨干水源工程和山区“五小水利”工程建设极，大改善丽江水利条件；航空方面，去年以来，在认真做好丽江机场 4E 级改扩建前期工作和顺利实现泸沽湖机场竣工通航的基础上，加快着手谋划白沙、老君山、程海等通用机场和泸沽湖、石头城等旅游景区直升机停靠点建设，大力发展通用航空产业；能源方面，在顺利完成中缅油气管道丽江支线输气管线项目建设的同时，境内金沙江中游“一库六级”电站的基本建成投产，使丽江市成为全省重要的清洁能源基地之一；

信电方面，到目前，全市3G、4G网络覆盖率已达到100%，网络传输和交换能力不断提升，发展后劲不断增强。面向未来，结合丽江实际，市委、市政府还提出了总投资达1700多亿元的近600个项目来推进“五网”建设。

丽江进入了以旅游业的发展壮大带动全市经济社会各项事业加快发展的时期，生产总值、固定资产投资、接待游客、旅游业总收入等呈数十倍、数百倍增长。

20年来，丽江一直围绕把旅游业建成国民经济战略性支柱产业和建设国际精品旅游胜地的目标，实施旅游强市战略，加强城市基础设施建设，深化景区景点开发，以文化提升旅游魅力，优化客源结构，拓宽旅游市场，丰富旅游产品，构筑“铁、公、机”立体交通网络，规范行业管理，使旅游业发展万紫千红，硕果累累。

公民素质和社会文化程度实现新提升，民族文化繁荣发展，生态建设和环境保护实现新突破。经济发展实现新跨越，产业转型升级取得新突破，脱贫攻坚实现新胜利，民族团结进步事业迈出新步伐，各族群众生活水平和质量不断提升，全面深化改革有力推进，民主法制建设开启新征程，文化事业和文化产业繁荣发展，风清气正的政治生态正在形成。

20 年来，丽江利用优势特色资源，做大做强做精旅游产业，以旅游业带动经济社会发展，从名不见经传的西南边陲小镇发展成为富裕繁荣文明和谐的旅游文化名城，成为边远民族地区改革发展的一面旗帜，成为发展特色经济的榜样。

（三）撤地设市展新颜

2002 年 12 月 26 日，经国务院批准，撤销丽江地区，设立地级市——丽江市，将原来的丽江纳西族自治县一分为二，即古城区和玉龙纳西族自治县。2003 年丽江市区县分设工作全面结束。现在的丽江市辖 1 区 4 县，即古城区、玉龙纳西族自治县、宁蒗彝族自治县、永胜县、华坪县。丽江市国土面积 21219 平方公里，总人口 124 万人，共有 25 个民族，其中世居民族有纳西族、汉族、彝族、白族、藏族、傈僳族、普米族、苗族、回族、壮族、纳西族摩梭人、傣族等 12 个世居民族。

1. 完善思路创造辉煌

新起点，新征程，勤劳勇敢的丽江人民从来

就没有停止过向着富裕、文明和发展前进的脚步。随着岁月的流逝，丽江人在市委、市政府的带领下，前方的道路越走越宽广，发展的目标越来越明确。

发展的思路决定着发展的出路。撤地设市的喜庆还在眉梢没有散去，2003 年 5 月 26 日，丽江市第一次党代会隆重召开，会议向全市人民发出了“二次创业”的号召。在“二次创业”的征途上，丽江市以招商引资和发展非公有制经济为突破口，加快农业产业化、工业化、城镇化进程，国民经济呈现出了运行稳、增长快、效益好、特色明显、结构更趋合理的发展态势。到 2005 年，全市生产总值完成 60.3 亿元，与 2002 年比，年均增长 12.6%；地方财政一般预算收入完成 40595 万元，年均增长 22.3%；三项产业的比例关系由 29.6∶22.4∶48 调整为 23.8∶28.5∶47.7。撤地设市初步显现出了勃勃生机。

2006 年 8 月 15 日，丽江市第二次党代会在回顾和总结撤地设市头 3 年辉煌成就的基础上，果敢而响亮地提出了“文化立市、旅游强市、水能富市、和谐兴市、人才推动和全面开放”六大战略，丽江打造文化旅游名市、构建和谐社会的蓝图全面铺开。随着发展思路越来越清晰，丽江着力将资源优势转化为经济优势，将经济优势转化为发展优势。在“品牌丽江”不断向“实力丽江”转变的过程中，2010 年全市生产总值达到 143.6 亿元，是 2005 年的 2.3 倍，年均增长 13.6%；地方财政一般预算收入达到 16.46 亿元，是 2005 年的 4 倍，年均增长 32.3%。县域经济迅猛发展，一区四县地方财政一般预算收入全部突破亿元大关，古城区进入全省十强县行列。全市人均生产总值、人均地方财政一般预算收入与全省差距比由 2005 年的 1.6∶1 和 2∶1，缩小到 2010 年的 1.3∶1 和 1.4∶1，整体经济实力不断增强，丽江开始以一种朝气蓬勃的面貌展示在世人面前。

2011 年 8 月 18 日，丽江市第三次党代会紧紧抓住国家把云南列为我国面向西南开放的桥头堡的战略机遇，审时度势，做出了“加快生态产业基地、清洁能源基地、国际精品旅游胜地、中国面向西南开放桥头堡的重要窗口和国家生态安全的重要屏障建设”的部署。“三基地一窗口一屏障”战略的确定，使得丽江在繁荣发展的基础上，发展思路不断明确与完善，既保持了工作的连续性和稳定性，又强化了创新性和实践性，努力做到与发展变化的形势相适应，与人民群众渴望加快发展的呼声相统一，与经济社会发展的客观规律相吻合。在党的领导下，丽江全面建小康社会的现实，越来越贴近各族人民群众的渴望。

2. 重点突破提升实力

丽江的广大农村历来都是耕耘者憧憬和希望的沃土，撤地设市以来，市委、市政府始终把“三农”工作作为重点和难点来抓，深化农村税费改革，在全省率先全免农业税，社会主义新农村建设扎实稳步推进，让广大农民群众在改革的春风里真正成了新农村的主人。产业化进程明显加快，农业基础设施建设不断加强，粮食连年增产，农业总产值不断提高，以生态农业、特色农业、科技农业为特征的现代农业，在全市广大农村随处可见，农业产业化得到了长足发展。随着生态产业基地建设初具规模，特色烟叶、核桃、杧果、雪桃、螺旋藻、中药材等优势产业，做到了人无我有、人有我优、人优我精，全市生态产业年均新增 80 万亩，市级以上农业龙头企业发展到 77 户，辐射带动了 16.8 万户农民群众增收致富，涌现出了一大批烟叶种植大户、杧果种植大户、中药材种植大户，当雪桃摆上人民大会堂的国宴的时候，当螺旋藻走进千家万户的时候，当永胜县涛源乡的超级水稻一次次刷新世界纪录的时候，世界用关注的目光见证了丽江日新月异的发展，丽江人民用自己对脚下这片土地的守望与耕耘，向世界展示了他们的自豪和自信。

撤地设市以后，丽江在创新中突破，在突破中发展。在市委、市政府的正确领导下，丽江不断实现了动人心魄的重点突破，以大项目带动大建设促进大发展的勇气和魄力，开工建设了大丽铁路、玉龙新县城、束河古镇、玉河生态走廊、祥和丽城、大丽高速公路、仁丽铁路、丽江机场改扩建、丽江机场高速公路、泸沽湖机场、宁蒗县城至泸沽湖二级公路、丽江师专整体迁建、民族文化产业示范基地等一批又一批重点项目。金安桥电站成功建设，以梯级电站水能开发为龙头的新型工业经济发展迅猛，清洁能源基地建设迈出实质性步伐。与此同时，工业经济在改革和调整中实现速度、效益双增长，非公有制经济快速健康发展，玉龙县南口工业园区、永胜县特色农产品加工工业园区等一批省级重点工业园区相继建设，全市工业实力不断增强，涌现出了永保特种水泥有限公司、映华集团、得一食品、裕安房地产综合开发有限公司等实力强劲的本土企业。与此同时，积极扩大开放，区域合作不断拓展，外向型经济充满活力，招商引资实现新突破，成功引进了华电集团、云冶集团、云南文投集团等一批战略投资伙伴，年产 15 万吨交通用铝型材项目等一批新型工业大项目开工建设。在玉龙雪山脚下的这片热土上，建设与发展构成了一幅幅激动人心的创业全景图。

10 多年过后，丽江早已今非昔比，大丽铁路建成通车，丽江机场改扩建工程全面完成，丽江机场高速公路、大丽高速公路等重点工程稳步推进，泸沽湖机场获国家批准建设，丽香铁路前期工作基本完成，丽攀高速公路华坪荣将至攀枝花福田段开工建设，县乡村公路通达条件明显改善，公路、铁路和航空协调发展的交通体系初步形成；水利网、广电网和通讯网进一步完善，瓶颈制约进一步突破，未来发展的基础更加牢固。累累硕果，见证了丽江的过去，也成就了丽江未来。

3. 旅游文化尽显风流

旅游业是丽江繁荣发展的象征性产业。随着撤地设市后旅游业提质增效的成功，丽江以“川滇藏中国香格里拉生态旅游区中心和示范区”“国际精品旅游胜地”为目标的旅游产业得到了更进一步的彰显，逐步由单纯的观光型向休闲型、度假型、会展型过渡，正在实现由粗放向集约，中低档向中高档，既富民又富财政的转变。2003年5月，昆明鼎业集团投入5.6亿元，在保护古镇古朴风貌的前提下，实施束河茶马古镇保护与发展项目，使政府、企业、居民实现了共赢，被誉为“束河模式”，成为2004年中国宏观经济总结回顾中的一个成功案例。2004年8月25日，丽江玉龙旅游股份有限公司正式上市，为丽江旅游产业发展写下了浓墨重彩的一笔。2006年2月，省政府在丽江召开滇西北旅游现场办公会，提出了“做精大理，做大丽江，做优迪庆，开发怒江”的发展思路，丽江旅游业又一次得到迅猛发展。经过10年的发展，丽江以玉龙雪山、老君山、丽江古城、泸沽湖、金沙江、纳西东巴文化、摩梭风情等旅游品牌的打造为重点，形成了“两山、一城、一湖、一江、一文化、一风情”为主要代表的丽江旅游优势资源体系。国际精品旅游胜地享誉中外，官房滇西明珠、悦榕庄、和府皇冠、大港旺宝、铂尔曼等高端品牌酒店纷纷在丽江建成，丽江的五星级以上的高端酒店拥有率位居全省前列，海内外游客量、旅游综合收入不断攀升。由此，丽江先后荣获“全球人居环境优秀城市”“ 世界上最令人向往的旅游目的地”“地球上最值得光顾的 100 个小城市之一”“欧洲人最喜爱的中国旅游城市”“中国最美丽的地方”“中国最令人向往的十个小城市之首”“中国优秀旅游城市”“中国魅力城市”“中国青年人最喜爱的旅游目的地”“中国十大优秀生态旅游景区”“中国十大休闲城市”“中国品牌城市荣誉奖”等几十项殊荣，丽江从此不仅仅是丽江人的丽江，而且是全世界热爱生活的人们心中的人间天堂。

浓郁的民族文化是丽江最大的特色，撤地设市以来，丽江把民族文化的挖掘、保护、传承与弘扬作为丽江经济社会发展的重要基础，经过多年的努力，形成了纳西东巴文化、摩梭文化、边屯文化、毕摩文化等民族文化品牌。以丽江（国际）民族文化交流中心、云岭剧场、市文广大楼、木府、市博物院为代表的文化基础设施的建成，丰富和发展了文化事业；广播电视“村村通”等工程的实施，拉近了千家万户与世界潮流的距离。2003 年 6 月，丽江被列为全国 8 个文化体制改革试点城市之一，丽江文化体制改革成为继旅游产业之后再次吸引世人目光的重大事件，在全市范围内开展的文化体制改革，使全市 31 家文化事业单位先后冲破旧体制的束缚，以敢为人先、层层抓落实、步步走在前的创新精神，加快推动文化产业向规模化、集约化、专业化转变，全市文化产业增加值占 GDP 比重达到了 11.8%，成为全市经济增长的新亮点，丽江从此成了云南乃至全国文化体制改革和文化产业发展中的领跑者。乘着文化体制改革的春风，束河古镇被列为全国影视拍摄基地，《丽水金沙》《印象丽江·雪山篇》《千里走单骑》《一米阳光》《大东巴的女儿》《木府风云》等一批文化产品隆重推出，并已逐步发展成为文化品牌，得到了中央和省委的肯定，多次被中宣部、文化部等单位评为“全国文化体制改革先进地区”，文化的丽江再一次让世界重新认识了这片玉龙雪山之下的文化沃土。

丽江的自信，还在于它独特的民族文化魅力。继丽江古城被列为世界文化遗产之后，滇西北“三江并流”地区于 2003 年 7 月 2 日被列入世界自然遗产，纳西族东巴古籍文献于 2003 年 8 月 30 日被列入世界记忆遗产，使丽江成为全国唯一获得 3 项世界遗产桂冠的地级市。

10 多年过去了，丽江从祖国西南地区一个名不见经传的边陲小镇，在华丽的转身之后，成为闻名海内外的国际精品旅游胜地。它一路走来，一路风雨一路歌，一路播种一路收获。它用自己的繁荣发展牵住全世界的手，与日本高山市、瑞士瓦莱州、加拿大新西敏市、澳大利亚谢普敦市等多个城市建立了友好关系，获得了“欧洲人最喜欢的中国旅游城市”“全球人居环境优秀城市”“中国优秀旅游城市”“中国十大绿色城市”“云南省园林城市”“国际精品文化旅游城市”“全国改革开放 30 年 18 个典型地区之一”等几十项荣誉，让丽江城市品牌形象得到不断提升。丽江已成为世人瞩目的文化旅游品牌，正逐步发展成为中国西部投资创业环境最好、人居环境最佳、民营经济发展最活跃的地区之一。

4. 以人为本促进和谐

撤地设市以来，伴随着丽江经济的腾飞与发展，丽江党员干部宗旨意识、理想信念和广大人民群众的精神境界、思想素质、文化素养也得到了提升，实现了与社会主义市场经济相适应的人文精神，为丽江全面发展提供了高素质的劳动者和建设者。在中国特色社会主义理论的指引下，紧跟时代步伐的理论学习活动发挥出强大的舆论引导合力，社会主义核心价值体系建设深入人心，丽江的思想政治工作和精神文明建设在务虚中求实，在创新中探索。通过广泛开展“诚信丽江、从我做起”“改陋习、树新风”“善待游客”“八荣八耻”等教育活动，切实加强了未成年人的思想道德教育，全民的思想道德素质不断提高；通过深入开展形式多样的群众性精神文明创建活动，在农村“十星级文明户”创建、文明城市创建、文明村创建和文明单位创建等一系列精神文明创建活动中，涌现出一批全国精神文明建设示范点和全国创建文明先进单位；在以人为本、与时俱进的宣传思想工作中，以科学的理论武装人，以正确的舆论引导人，以高尚的精神塑造人，以优秀的作品鼓舞人的强大力量在丽江得到了充分的展示，一个充满生机与活力的丽江，在每一个丽江人身上呈现出了夺目的光彩。

“十年树木，百年树人”。教育事业始终被放在优先发展的地位，经过数以万计教育工作者的辛勤耕耘和无私奉献，“两基”教育目标基本实现，高中教育瓶颈制约有所缓解。在丽江，无论是在游客如织的丽江古城，还是在偏远的少数民族山区，凡是有孩子的地方，都有了学校。涌出了丽江市一中、古城区一中等声名远播的名校；涌现出了张桂梅、芮茂福等倾心教育事业的模范教师。民办教育进一步发展，职业教育积极推进，扩建了百年老校丽江市一中，财校、卫校、农校三校合并建成了丽江市民族中专。为了适应丽江经济社会发展需要，高等教育规模不断扩大，在丽江教育学院成功转制为师范高等专科学校的同时，努力把丽江高等教育发展推向一个新阶段。继云南大学旅游文化学院在丽江建成之后，丽江成为国内名牌大学设立分校、学院的热点地区，云南大学、云南师范大学、昆明医科大学等省内外重点大学纷纷进入丽江。云南师范大学文理学院丽江校区、云南丽江传媒艺术职业学院等院校纷纷落户丽江，把丽江建成云南的第二大学城的宏伟蓝图正一天天成为现实。

5. 改善民生共享发展

全体社会成员共同分享社会主义改革和建设的成果，全面建成小康社会，是丽江开展各项事业建设的最终目标。10 年来，伴随着经济建设的快速发展，不断提高和改善人民群众的生活水平和生活质量，成为丽江繁荣发展进程中的一大亮点。10 年来，全市实现城镇新增就业 5.81 万人(其中高校毕业生 2.3 万人)，失业人员再就业 1.7 万人，特殊困难群体再就业 0.44 万人，下岗失业人员、农民工、复退军人的就业再就业和创业培训 6.1 万人（次)，城镇登记失业率 3.8%，低于全省平均水平，完成农村劳动力有序转移就业 12.2 万人次。全市发放鼓励创业“贷免扶补”贷款 1.64 亿元，扶持 2796 人实现了创业，创业促就业成效明显。每一个数字背后，都凝结着一个关于劳动的温暖的故事。

老有所养、病有所医，对于很多丽江人来说，曾经是一个非常遥远的梦想，但是，在丽江改革和发展过程中，通过不断增加投入，切实改进城乡医疗卫生基础设施条件，不断完善落实各项社会保险政策，完善城镇职工基本养老保险和基本医疗保险制度，这个梦想正在实现。启动了城镇居民医疗保险，建立健全职工失业保险和失地农民保障制度，积极开展新型农村社会养老保险和城镇居民社会养老保险工作；努力提高各险种参保缴费率，最大限度地推进既定参保对象全覆盖、既定社保基金全征收；推进了城乡统筹社会保障体系建设。10 年以后再回首，我们看到了一些可喜的景象：全市新型农村合作医疗参合率达 94%，新型农村养老保险工作稳步推进，建设保障性住房 8.9 万平方米，民生保障水平不断提高。食品药品安全监管、人口计划生育工作不断加强，体育事业全面发展。新农村建设扎实推进，扶贫攻坚力度加大，减少贫困人口 19.4 万人，超额完成了预期目标。千方百计增加城乡居民收入，城镇居民人均可支配收入、农民人均纯收入达到

13740元和3410元，年均分别增长10.8%和13.3%。在丽江，无论是城市还是乡镇，无论是社区还是偏远山区，改善民生、共享发展，正在成为一个个具体而生动的现实。

6. 珍视环境优化生态

丽江的繁荣发展绝不仅是经济的发展，更是整个社会各个领域的科学发展和谐发展跨越发展。在经济建设突飞猛进的时候，丽江始终把生态环境视为繁荣发展最为基础的生命线，坚持不懈地保护生态，美化环境，深入开展了“七彩云南丽江保护行动”和滇西北生物多样性保护工程。在发展中保护，在保护中发展，城乡生态建设取得了实质性进展，为长江流域的生态安全做出了积极贡献。努力提升城市形象，在成功创建省级园林城市的基础上，坚持全民动员，把创建国家园林城市与生态文明建设、打造国际精品旅游胜地、特色城市发展的现实需求结合起来，与丽江的长远发展、抓好城市的精细化管理、基础设施建设以及促进人民群众生活水平提高结合起来，扎实推进创建国家园林城市各项工作，城市建设和管理水平不断提高，城市面貌发生了日新月异的变化，城市绿化覆盖率达到 39.7%，城市人均公园绿地面积超过 30 平方米。撤地设市后，丽江城市建设从宜居城市向乐居城市发展，每一个市民，在一树一石、一花一木之间，真真切切地感受到了丽江在园林城市建设中的变化与发展。加强城乡水源地生态保护，开展重点水域综合治理，推进水资源可持续利用，泸沽湖稳定保持一类水质，程海湖水质得到有效控制，拉市海水质明显好转，丽江以自己的实际行动，在改革和建设中，始终保持着一片净土。“森林丽江”建设取得了显著成效，森林覆盖率达到 66.15%。丽江不仅仅是世界各地游客心中的人间天堂，同时也是每一个丽江人美好生活的心灵故乡。

7. 民主法制扎实推进

建立健全社会主义民主法制，最大限度地实现人民群众当家做主是我们长期以来为之奋斗不息的目标。随着撤地设市，丽江的民主法制建设迎来了一个崭新的跨越与发展的时期。

市人大和市政协依法履行职能，围绕改革发展稳定大局，切实加强了对“一府两院”的法律监督、工作监督和民主监督，人民代表大会制度和政治协商制度得到进一步坚持和完善。坚持民族区域自治制度，加强民族宗教工作，巩固和发展了全市各族人民共同团结奋斗、共同繁荣发展的局面。积极推进依法治市，依法实施民主选举、民主决策、民主管理、民主监督。《云南省丽江古城保护条例》《云南省纳西东巴文化保护条例》等地方性法规得到了认真贯彻执行；依法保护世界遗产、民族文化、生态环境等工作迈出了实质性步伐；全面实行政务、村务、厂务、校务公开，扩大了基层民主，人民群众通过自己手中的选票，通过意见表达，充分感受到了当家做主的时代气息。党的建设与时俱进。在丽江，加强党的建设，造就一支理想坚定、思想纯正、作风优良的党员干部队伍，始终是市委各项工作的重中之重。10年来，通过全面加强党的建设，把解放思想作为常抓不懈的首要任务，组织广大党员干部认真学习实践“三个代表”重要思想科学发展观、习近平新时代中国特色社会主义思想，切实落实构建和谐社会的战略目标，深入开展“三观”教育和“四个为什么”解放思想大讨论，巩固和发展了全市人民团结奋斗的思想基础。着力建设学习型领导班子和领导集体，认真实施“云岭先锋”工程，扎实开展保持共产党员先进性教育活动，党的基层组织建设不断得到了加强。通过深入开展“团结干事”“抓班子、带队伍、转作风、促发展”“学党章、守纪律、转作风、树形象”等教育活动，各级党组织的凝聚力、战斗力和创造力得到了全面提升。通过严格落实党要管党、从严治党的方针，积极推进学习型党组织建设，深入开展学习实践科学发展观、创先争优、学习杨善洲先进事迹等主题实践活动，涌现出了玉龙雪山管委会、西安街道寨后上村等一大批全国全省基层党建示范典型，各级党组织的凝聚力、创造力和战斗力不断增强，党员干部的先锋模范作用得到充分发挥。坚持党管人才原则，深入实施人才推动战略，人才工作成效明显。积极构建教育、制度、监督并重的惩治和预防腐败体系，党风廉政建设责任制得到了全面落实，反腐倡廉建设扎实推进。正是因为有了这样的一批基层党组织，正是因为有了这样的一批共产党人，丽江繁荣发展的黄金10年才结出了沉甸甸的硕果，一个经济发展、社会公平、文化繁荣、生态一流、法制优良、人民幸福的新丽江，才会在每一个丽江人的生活里变成了可亲可近的美好现实。

（四）文化名市谱新篇

2013 年，丽江市委在新的历史时期结合丽江发展实际，提出了“建设世界文化名市，打造丽江文化硅谷”的发展战略，紧紧围绕全面建成小康社会，构建中华民族伟大复兴中国梦丽江篇章，丽江经济社会发展进入了一个新的历史阶段。

经济实力显著提升。始终坚持好字优先、快字当头、实干为重，顶住经济下行压力，克服频发的自然灾害影响，自加压力、奋力赶超，实现了经济增长换挡不失速，规模质量效益同提升，主要经济指标全部实现翻番。2015 年全市生产总值完成 290 亿元，是 2010 年的 2 倍，年均增长 11.9%；财政总收入从 25.98 亿元增加到 67.4 亿元，年均增长 21.2%；一般公共预算收入从 16.5 亿元增加到 47.8 亿元，年均增长 23.7%。累计完成固定资产投资 1497.5 亿元，年均增长 14.2%。社会消费品零售总额从 45.5 亿元增加到 93.6 亿元，年均增长 15.5%。城镇常住居民人均可支配收入从 13944 元增加到 25803 元，年均增长

13.1%；农村常住居民人均可支配收入从3563元增加到7924元，年均增长17.3%。经济发展内生动力不断增强，发展不足的市情明显改变，丽江迈入科学和谐跨越发展新轨道。

基础制约有力突破。始终坚持基础先行、交通支撑、大干快上，打响基础设施建设攻坚战，瓶颈制约取得新突破。着力畅通立体交通大动脉，交通投资累计完成190.5亿元，是“十一五”的4.8倍。大丽高速、机场高速公路建成，华丽高速、丽香高速公路和丽香铁路等项目开工建设。完成丽江国际航空口岸机场改扩建，2015年旅客吞吐量562.7万人次，年均增长21.3%，跻身国内大型机场行列。泸沽湖机场、白沙直升机场建成运营。金沙江中游库区航运基础设施建设全面铺开，建成国家标准航道46公里。调水保水节水工作取得新成效，累计完成水利投资57亿元，是“十一五”的2.7倍；启动龙开口水电站水资源综合利用等重大水利工程，完成“五小”水利5.63万件，库塘蓄水总库容3.78亿立方米。能源支撑保障网不断完善，城乡电网改造实现全覆盖，无电村全面消除，中缅油气管道丽江支线输气管线建成运营。互联网信息化基础实现质的突破，丽江成为全省首个全光网州市。基础滞后的最大瓶颈取得新突破，丽江区域优势逐步凸显。

产业转型成效明显。坚持赶转并举、盘活存量、做优增量，以特色产业强市富民，产业转型迈出新步伐。调特调好一产，稳定粮食生产，大力发展精品农庄，形成烤烟、杧果、核桃、药材、花椒等一批高原特色产业，生态产业基地初具规模。调强调快二产，金沙江中游六级水电站建成投产，风能、太阳能开发同步发展，电力总装机1376万千瓦，丽江成为云南西电东送的重要基地，清洁能源基地基本建成。认真实施创新型丽江行动计划，西安隆基高效单晶硅棒等项目正式签约，工业园区建设有力推进，清洁载能产业发展迈出实质性步伐。煤炭、建材等传统产业转型升级步伐加快，工业增加值年均增长16.5%。调优调精三产，旅游文化深度融合发展，旅游标准化建设、环境综合整治成效显著，全域旅游建设稳步推进，国际精品旅游胜地驰名中外，游客接待量年均增长27.4%，旅游总收入和旅游创汇年均分别增长33.9%、18.8%。仓储物流、邮政快递等现代服务业快速发展。产业结构不断优化，三次产业比重从18.1：38.3：43.6调整为15.4：39.9：44.7，实体经济不强的症结明显缓解，特色优势产业成为经济增长新引擎。

改革开放纵深推进。始终坚持对内改革、对外开放、内联外引，明确重点领域和主攻方向，一手抓方案出台，一手抓举措落地，试点引领，稳步实施，改革开放推向新领域，社会创业创新活力迸发。文化旅游改革走在全省前列，丽江多次获得全国文化体制改革先进地区殊荣，成功推出《丽江千古情》《云南的响声》《丽江欢腾秀》等文化新品牌，影视力作《木府风云》在国内外反响巨大，红色文化旅游正形成规模。着力提高改革的针对性和时效性，实施公车改革，营改增、农村土地承包经营权确权登记颁证等事关稳增长、惠民生的关键环节、重点领域改革稳步推进。银政企合作不断深化，金融服务保障作用显著增强。简政放权优化环境，新登记注册企业年均增长22.2%，民营经济成为推动发展的主要力量。积极融入“一带一路”等国家和省开放发展战略，区域抓合作，对外抓招商，民间抓交流，形成全方位、多层次、宽领域的对外开放新格局。中国电建、沃尔玛、阿里巴巴集团等一大批国际知名品牌、战略投资者入驻丽江。淘宝特色中国丽江馆建成运营，农村电子商务实现全覆盖。5 年共引进市外到位资金 1079.4 亿元，年均增长 18.6%。对外贸易快速发展，年均增长 16%。

生态优势更加凸显。始终坚持生态优先、绿色发展、争当排头，城乡人居环境显著改善，生态建设频现新亮点。扎实推进七彩云南丽江保护行动、滇西北生物多样性保护、“森林丽江”建设，加强重点小流域综合治理、生态脆弱区环境恢复、农村水源污染治理、地质灾害防治和节能减排等工作，森林覆盖率达 70%，空气质量优良率 100%，丽江在三江并流世界自然遗产核心区的生态安全屏障作用更加凸显。泸沽湖、程海、拉市海水质保持稳定，城镇污水集中处理率、生活垃圾无害化处理率分别达 86.9% 和 94.5%，全市河流水质达标率 90.5%，饮用水达标率 100%，丽江被列为全国水生态文明城市试点。全力促进城乡融合发展，建管并重推进生态宜居城市、美丽乡村建设，城镇化率由 27.8% 提高到 35.6%。狠抓“两湖”“两山”等环境整治，推进“四创两申”工作，成功创建为国家园林城市、国家卫生城市、国家节水型城市，获得全国文明城市提名。

人民生活明显改善。始终坚持践行宗旨、共建共享、惠民利民，人民群众获得感大幅提升，社会事业实现新发展，公共财政民生支出年均增长20.5%。全力推进精准扶贫和精准脱贫，扎实开展“挂包帮”“转走访”工作，投入各类扶贫资金32.75亿元，减少扶贫对象15.8万人。大力实施科教兴市和人才强市战略，各级各类教育协调发展，办学条件不断改善，教学质量明显提升。城乡精神文明建设有力推进，文化体育事业蓬勃发展，市老年和青少年活动中心等一大批惠民工程建成，“三馆一站”免费开放。就业创业工作得到加强，新增城镇就业人数4.7万人，转移农村劳动力3.6万人。推进公共租赁住房、廉租住房建设和城市棚户区改造，完成8.4万户农村危房改造和抗震安居工程。覆盖城乡的公共卫生、医疗服务和社会保障体系不断完善，城乡居民养老保险覆盖率达97%，基本医疗保险参保（合）率97.8%。强化食品药品监管，确保饮食用药安全。双拥优抚、社会救助、社会福利等保障体系不断完善，妇女儿童、残疾人、慈善和红十字会事业等全面加强。防灾减灾服务体系日益健全，圆满完成宁蒗“6·24”抗震救灾和恢复重建工作，成功应对华坪“9·15”特大暴雨洪涝灾害。

和谐局面持续巩固。始终坚持依法治市、稳扎稳打、协力共推，社会大局保持安定和谐，团结进步事业开创新局面。加强和改进党对人大工作的领导，支持和保障人大及其常委会围绕中心，服务大局，依法履职。支持政协围绕团结和民主两大主题，更好履行政治协商、民主监督、参政议政职能，社会主义协商民主建设稳步推进，爱国统一战线巩固发展。加强党对意识形态工作的领导，净化网络舆论生态，党的新闻舆论传播力、引导力、公信力得到新提升。坚持依法治市，抓治安保平安，依法整治“医闹”“路闹”，认真开展“缉枪治爆”等专项行动，严厉打击“两抢一盗”、拐卖妇女儿童等犯罪行为，安全生产、禁毒防艾、反恐处突等工作得到加强。高度重视信访工作，强化矛盾纠纷排查调处。社会治理法治化、信息化、网格化、精细化水平明显提升，连续3

年被省委、省政府评为综治维稳（平安建设）“先进平安市”。涉藏地区发展稳定，工作扎实有效，受到省委省政府高度肯定。加快推进“十百千万”民族团结进步示范区建设工程，民族宗教工作连续5年考核获全省一等奖。军民融合纵深推进，被评为全省第九届“双拥模范城”。工青妇等群团组织的桥梁纽带作用充分发挥，老干部、对台、外事、侨务、工商、统计、质检、供销、档案、水文、气象、党史、文艺、社科、地方志等工作取得新成效。

参考文献

[1]《木氏宦谱》，云南美术出版社，2001。

[2] 郭大烈、和志武：《纳西族史》，四川民族出版社，2006。

[3]《永胜县志》，云南人民出版社，1989。

[4] 陈澔注《礼记》，上海古籍出版社，1987。

[5]《徐霞客游记》，上海古籍出版社，1980。

[6] 乾隆《丽江府志》，丽江县县志编委会办公室翻印。

[7]《丽江地区志》，云南民族出版社，2000。

[8] 清·余庆远：《维西见闻录》，古籍翻印本。

[9] 明万历《云南通志》，云南人民出版社，2007。

[10]《丽江地区志》，云南民族出版社，2000。

［11］《川藏游踪汇编》，四川民族出版社，1985。

［12］杨福泉《纳西族文化史论》，云南从学出版社，2007。

［13］刘健《庭闻录》，上海书店，1985。

［14］清《鹤庆州志》，古籍翻印版。

［15］倪蜕：《云南事略》，古籍翻印版。

［16］《华坪县志》，云南民族出版社，1997。

［17］《丽江纳西族自治县志》，云南民族出版社，2001。

［18］《续云南通志长编》，1985 年内部出版。

［19］中共云南省委党史研究室：《中共云南地方党史大事记 1919—1950》，王元辅、袁丁主编，云南人民出版社。

［20］《丽江纳西族自治县志·军事》，云南人民出版社，2001。

［21］中共丽江地委组织部、党史征集研究室、地区档案馆：《中共丽江地区组织史资料 1945.9—1987.10》，云南人民出版社，1994。

［22］哈里森．索尔兹伯里（美）：《长征——前所未闻的故事》，解放军出版社，1986。

［23］《丽江纳西族自治县志，云南人民出版

社，2001。

［24］《丽江文史资料第九辑》第69–70页。

［25］戈阿干、和晓丹：《王国之梦—顾彼得与丽江》云南教育出版社，2000。

［26］木丽春：《纳西族通史》云南人民出版社，2006。

［27］（俄）顾彼得著．李茂春译《被遗忘的王国》云南人民出版社，2007。

［28］新民主主义时期《中共永胜地方史》，1990。

［29］中共大理丽江保山怒江迪庆德宏地州委党史办公室：《中共滇西工委滇西北地委史料选编》，德宏民族出版社，1989。

［30］中共云南省委党史研究室：《中共云南地方党史大事记 1919—1950》，王元辅、袁丁主编，云南人民出版社，1992。

［31］《丽江革命史》，云南人民出版社，1999。

［32］《中国工农红军长征过云南史》，中共云南省委党史研究室编，云南人民出版社，2006。

［33］《丽江县革命史》，云南人民出版社，1999。

后　记

盛世修史是中华民族的一个优良传统，在中央和省、市相关部门的关心支持下，为了让广大读者有一本全面了解丽江的普及性读物，我们组织丽江本土专家学者编写了这本《丽江史话》。经过将近一年的始终，这本书终于与读者见面了。

本书的出版面世，是集体智慧的结晶。在编写过程中，我们成立了编委会，集中全市文史领域的专家，对本书的内容进行分解，按章节分头写作。具体的分工是：第一章由李群育撰写，第二章由陈洪金撰写，第三章由和钢撰写，第四章、第五章由和东升撰写，第六章由和文、刘志文撰写。初稿形成后，由和文平、陈洪金进行统稿审定。在本书编写过程中，我们吸引了许多前人和同行的研究成果，著名纳西族学者杨福泉博士还对本书部分内容提出了意见建议，在此，一并表示衷心的感谢！由于编者知识和能力的局限，本书肯定还存在着各种不足之处，请广大读者不吝批正，提出意见建议。

编者

2017 年冬